図解

いちばんやさしく丁寧に書いた

金利の本

JN240089

成美堂出版

本書の見方

要点整理　POINT

各項目のポイントをまとめています。要点を把握したうえで本文を読み進めることができます。

見やすい見開きビジュアル解説

金利に関するしくみや考え方を、イラストを交えて原則見開き解説しています。内容を視覚的に捉え、理解に役立てることができます。また、図版にはキャラクターによる補足コメントもありますので、併せてチェックしましょう。

〈PART1〜PART6〉

PART ② 金融市場を行き交う金利

変動金利と固定金利の違い

POINT
- 市場金利を基準として変動金利と固定金利がある
- 金利の期間はローンの借入期間とは関係がない
- 変動金利の水準が変わることを「更改」という

■ 市場金利を基準に生まれる2つのタイプの金利

一般の個人が住宅ローンを借りる際に最も悩む点のひとつが、「変動金利で借りるか、固定金利で借りるか」という点です。住宅ローンだけではなく、銀行で貸し出されるローンの変動金利、固定金利のルーツはこれまできてきた市場金利にあります。

変動金利のルーツは、短期市場金利のひとつである銀行間市場金利にあり、具体的にはTORF＋〜ベーシス（ベーシスは0.01％）」といった決められ方をし、もとになる銀行間市場金利が上下すると、ローンの変動金利も上下します。一方、固定金利は対応する期間の国債利回り（略号T）を基準に「T＋〜ベーシス」のような決められ方をしています。

注意しなければいけないのは、変動金利の水準が変わる期間は、もととなる銀行間市場金利が短期なので1年以内であるる一方、ローンの借入期間はそれよりも長い場合があるという点です。金利に関しての短期・長期は、必ずしもローンの借入期間の長さを示すわけではありません。

■ 更改は基本的に変動金利において水準が変わることを指す

銀行間市場金利の変化に対応して、銀行などが変動金利の水準を変えることを金利の「更改」と呼びます。変動金利の場合には借りる側も途中で金利が変わることを受け入れたうえで借りているので、一定の期間が経過し、そのとき市場金利が動いていれば、ほぼ自動的におこなわれます。

一方、更改は固定金利の場合でもおこなわれることがあります。市場金利から計算される基準金利に対して何％上乗せするかは、借り手の状況などによって、その都度、交渉の余地が生じます。固定金利の期間内であっても市場金利が大きく動いた場合、借り手が応じることが前提ではありますが、銀行が金利の更改について交渉を持ちかけるケースはあります。

用語 プライムレート　市場金利を基準に、最も優良な（信用力が高い）借り手に提示する金利をプライムレートと呼び、短期と長期のものがあり、それぞれ「短プラ」「長プラ」と略される。

74　75

変動金利と固定金利の性質

固定金利	変動金利
金利は変わらない	金利が定期的に変わる

影響を変えるもの	国債利回り	銀行間市場の金利
メリット	メリット： ・借入時に返済額が確定できる ・市場金利の上昇に影響されない	メリット： ・固定金利よりも金利が低いことが多い ・市場金利が下落した場合、得をする可能性がある
デメリット	デメリット： ・変動金利よりも金利が高いことが多い ・市場金利が下落した場合、損をする可能性がある	デメリット： ・借入時に返済額が確定できない ・市場金利の上昇に影響される

変動金利の金利更改の時期は、金融機関によって自由に設定できますが、一般的には6カ月となっていることが多いです。

Check

住宅ローンを変動金利で借りた場合の注意点としては、金利が変動しても月々の支払額がすぐに比例して変動するわけではないという点です。「5年ルール」といい、金利が変動して5年間は月々の支払額は5年間基本的に固定され、返済額の中で元本と金利という比率が変わります。また、金利が上昇した場合には、元本の返済割合が下がって金利を払う割合が上がることになります。

PART ② 金融市場を行き交う金利

内容の補足　MEMO　用語

関連する専門用語や本文内容への補足事項などを、欄外で解説しています。

補足情報

本文や図版を補足する情報や、プラスαとなる知識など役に立つ情報が満載のコーナーです。

金利に関する疑問　Q&A

本文内容で扱ったテーマに関する基礎的な事柄を解説。はじめて金利について学ぶ人にも理解できるように、Q&A形式で説明しています。

〈巻末資料〉

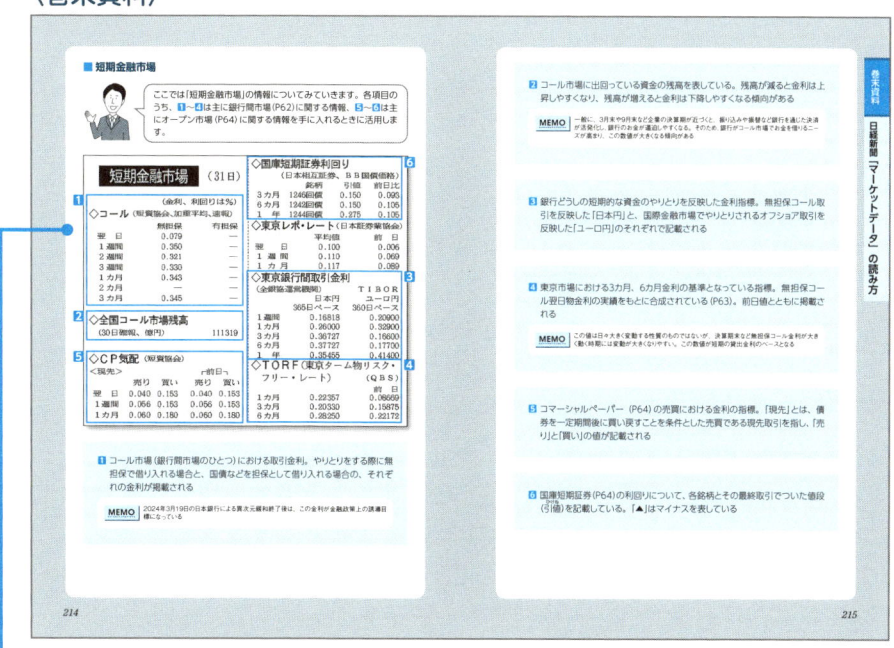

■短期金融市場

ここでは「短期金融市場」の情報についてみていきます。各項目のうち、**1**～**4**は主に銀行間市場（P62）に関する情報、**5**～**6**は主にオープン市場（P64）に関する情報を手に入れるときに活用します。

短期金融市場　〈31日〉

◇コール（短資協会,加重平均,速報）
（金利、利回りは%）

◇国庫短期証券利回り
（日本相互証券、BB国債価格）

◇東京レポ・レート（日本証券業協会）

◇東京銀行間取引金利
（全銀協公表金利）

◇TORF（東京ターム物リスク・フリー・レート）

◇CP気配（短資協会）

1 コール市場（銀行間市場のひとつ）における取引金利。やりとりをする際に無担保で借り入れる場合と、国債などを担保として借り入れる場合の、それぞれの金利が掲載される

MEMO　2024年3月19日の日本銀行による異次元緩和終了後は、この金利が金融政策上の誘導目標になっている

2 コール市場に出回っている資金の残高を表している。残高が減ると金利は上昇しやすくなり、残高が増えると金利は下降しやすくなる傾向がある

MEMO　企業の決算期や月初め・月末などで企業間の資金の動きが活発になると、銀行からお金を借りたい需要が高まり、銀行のお金が減ってお金を借りにくくなる。そのため、銀行がコール市場でお金を借りるニーズが高まり、この数値が上昇する傾向がある

3 銀行どうしの短期的な資金のやりとりを反映した金利指標。無担保コール取引を反映した「日本円」と、国際金融市場でやりとりされるオフショア取引を反映した「ユーロ円」のそれぞれが掲載される

4 東京市場における3カ月、6カ月金利の基準となっている金利指標。無担保コール翌日物金利の実績をもとに合成されている（P63）。前日値とともに掲載される

MEMO　この値は3日大きく変動する性質のものではないが、決算期などで無担保コール金利が大きく動く時期には変動が大きいなりやすいため、この数値が短期の資金の借りのベースとなる

5 コマーシャルペーパー（P64）の売買における金利の指標。「現先」とは、債券を一定期間後に買い戻すことを条件とした売買である現先取引を指し、「売り」と「買い」の値が掲載される

6 国庫短期証券（P64）の利回りについて、各銘柄とその最終取引でついた値段（引値）を掲載している。「▲」はマイナスを表している

「マーケットデータ」の読み方

本書の巻末ページでは日本経済新聞を例に、金利に関する情報の読み取り方を解説しています。専門用語やポイントを理解して、積極的に情報を取り入れていきましょう。

コラム　**Column**

各PARTの最後に、金利に関するコラムを掲載。各PARTに関連するテーマにおける補足情報やウラ話など、読み応えたっぷりの内容となっています。

〈コラム〉

Column ❶
金利が割り引かれる「グリーニアム」

　PART1で説明したリスクプレミアム。お金が返ってこなくなるさまざまな危険に対する見返りとして、金利に「上乗せ」をつける役割を持っていました。こうした性質から、リスクプレミアムは基本的にプラスの値となります。ところが近年、マイナスの値となる（リスク）プレミアムが注目されはじめています。

　「グリーニアム」と呼ばれるものがその（ひとつです。グリーニアムは「グリーン」と「プレミアム」を合成した造語です。集中豪雨災害など、地球温暖化の影響要因ではないかといわれる激しい気象変動に対する懸念が強まる中で、地球温暖化の原因となる二酸化炭素など地球温暖化ガスの排出を抑えようという機運が高まっています。温暖化ガス排出を抑えるための「脱炭素化」を実現するには、自動車をEV（電気自動車）化するだけでなく、工場からの排出をなくす設備の導入などにも莫大なお金がかかります。

　これら脱炭素化に向けた事業等投資をおこなうときのお金を得るために取引される貸し出し、さらには次のPART 2で解説する債券（信用証書のようなもの）を発行した資金調達の際、お金が「良いこと」に使われることを反映して金利が割り引かれることがあります。

　グリーニアムは、脱炭素化を実現するためのお金の貸し借りの際、金利が安くなった部分（割り引き）のことを意味します。リスクプレミアムは一般的に、金利が割り増しになるのに対し、金利が割り引きになる点で、「マイナスのリスクプレミアム」と位置づけられます。

　しかし、単に良いことに使われるお金だから金利が安くなるというのは不思議でもあります。グリーニアムがマイナスのリスクプレミアムになる理由は、PART1で説明した金利の基本原理に沿って説明することも可能です。

　地球温暖化対策が活発になるにつれ、企業や銀行が脱炭素化に向けた取り組みを強化することは政治的、社会的に求められるだけでなく、企業や銀行の経済的な価値をも左右する指標となってきています。具体的には、脱炭素化に向けた取り組みに力を入れ成果を出した企業の株が上昇りやすくなるといった動きが挙げられます。

　脱炭素化に向けた取り組みには、そうした活動にお金を提供することも含まれるため、地球温暖化対策に関連したお金の提供（貸し出しや債券の購入）も活発化しやすくなります。すると、ほかの目的でのお金の提供に比べ、脱炭素化に関連した部分にはお金が集まりやすくなります。

　こうして生まれるのがグリーニアムです。グリーニアムも、お金が集まりすぎ余っているところで金利が下がりやすくなるという、金利の基本原理に沿って発生していると考えることができるのです。

※本書は、原則として2024年8月1日時点での情報をもとに編集しています。

はじめに

2024年3月19日、日本銀行（日銀）が長年続けてきた大規模な金融緩和政策の終了を決定したことで、「金利のある世界」がやってきたといわれます。日銀は、同年7月31日にさらに政策金利を引き上げる決定をおこない、「金利のある世界」における金利は、よりはっきりと目に見えるものになったといえます。私たちの生活にほとんど影響がなさそうにみえる「金利のない世界」から、「金利のある世界」に戻り、あらためて金利とは何か、金利がどのように動くのか、そして金利がどのように私たちの生活に影響するのかを考えるのがこの本の狙いです。

まずPART1では、金利が持つ性質をみていきます。PART2では、金利に多様な種類があることを解説しながら、さまざまな金利のつながりや、そのつながりから金利の動きが決まっていく様子を解説していきます。PART3では、金利が生活や経済の動きに対してどのような影響を与え、どのような役割を果たしているかを説明します。PART4では、日本銀行（一般的に中央銀行）の金融政策と金利の関わりを説明します。PART5では、近年の金融政策がなぜ、どのようにして金利のない世界を実現させてきたのかを探ります。PART6では、金利のある世界が具体的にどのように実現し、私たちの日々の暮らしにどのような影響が出てくるかを探りながら、新しい技術によって未来の金利がどのように変化していくのかについても説明していきます。

金利は、私たちの生活だけでなく経済全体に対して大きな意味を持ち、大きな役割を果たしている、大変重要なものです。しかし、日本では長年「金利のない世界」が続いてきたことで、その意味や役割が忘れられてしまっています。日銀の大規模金融緩和政策終了に伴う「金利のある世界」の再来は、あらためて金利の意味や役割を再確認するちょうど良い機会になるといえます。読者の皆さんにとって、本書が金利について新たに勉強する、または、あらためて勉強しなおすうえで、有益な教科書・参考書になれば幸いです。

2024年8月1日

野村證券 金融経済研究所 エグゼクティブ・エコノミスト　美和 卓

PART2 金融市場を行き交う金利

PART3 多彩なはたらきをする金利

PART4　金融政策のはたらき

PART5 「異次元緩和」と金利なき世界

PART6 「金利のある世界」への希望と不安

金利、理解できていますか？

金利の本質を理解しよう

2024年7月31日の日本銀行による利上げの決定に伴い、より注目が高まった「金利」について、身の回りでのエピソードを用いながら一緒に考えてみましょう。

注目を集める「金利のある世界」

　2024年3月19日、日本銀行が金融政策決定会合において、**11年にわたる大規模な金融緩和策を終えることを決定しました**。同年7月31日には、政策金利のさらなる引き上げが決まり、日本の金利環境が大きな節目を迎えたといえます。

　2023年後半ごろから、日銀による大規模金融緩和の終了、マイナス金利政策解除が近いことを予想する声は高まっていました。**それを象徴するのが、「金利のある世界」という表現です**。マイナス金利政策がおこなわれているという実態から、これまでの日本が「金利のない世界」に置かれていたと表現されることにはあまり違和感がないはずです。

　日銀の大規模金融緩和終了を予見し、「金利のある世界」到来が近いことが見込まれはじめるとともに、新聞などメディアは、**「金利のある世界」が私たちの生活にも大きな影響と変化を及ぼす可能性を指摘**し、注意喚起を促し、さらには警鐘を鳴らすような報道をはじめるようになりました。

「金利のある世界」はたしかに実現している

　2023年11月22日付（電子版）日本経済新聞では、国内の多くの銀行が

2007年以来16年ぶりに定期預金金利の引き上げを実施したことを報じています。具体的には、「メガバンク3行に加え、全国の地方銀行の4割を超える43行が引き上げた」と報じられています。

　日本銀行が集計している、全国の銀行の定期預金金利を平均預入期間別（定期預金金利は預入金額によって差が設けられることがあるため、ここでは総合≒全体平均をとっている）に振り返ると（下図）、**2023年後半以降に引き上げがはじまったのは、3年、5年といった長めの期間の定期預金金利が中心であったことがわかります。**一方、**短期の定期預金金利は、2024年3月の日銀による大規模金融緩和解除までの時点では引き上げの動きは目立っていませんでした。**

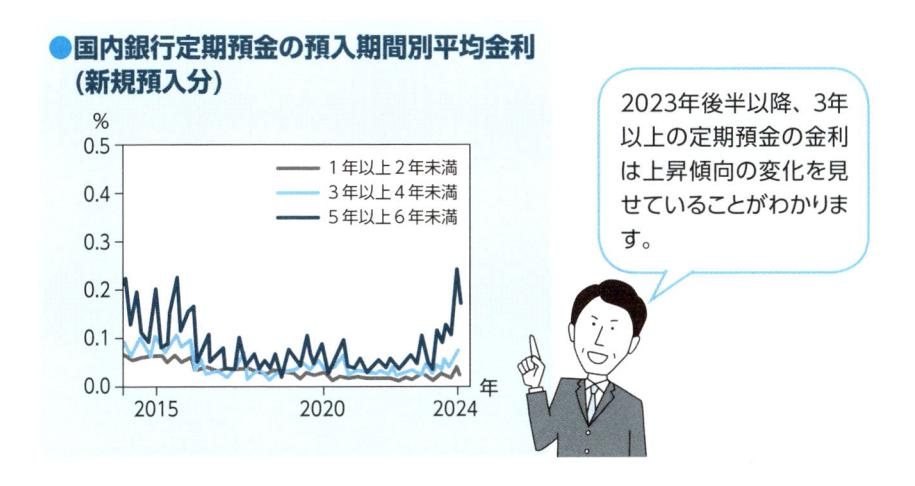

●**国内銀行定期預金の預入期間別平均金利（新規預入分）**

2023年後半以降、3年以上の定期預金の金利は上昇傾向の変化を見せていることがわかります。

　現実に日銀が2024年3月に大規模金融緩和の解除を決定し、さらに同年7月に追加の政策金利引き上げを実施すると、これに反応して銀行など国内の金融機関は、期間の短い預金金利を引き上げました。具体的には、3月の大規模金融緩和解除前では、多くの金融機関で年0.001％となっていた普通預金金利が、大規模金融緩和解除を受けて年0.02％に引き上げられました。そして7月の利上げ後には、いわゆるメガバンク3行が年0.1％へと引き上げることを直ちに発表しました。

　もともと、普通預金金利が0.001％に引き下げられたのは、大半の金融機関において2016年2月でした。これは、日銀のマイナス金利政策が

2016年1月にスタートしたことに対応したものでした。したがってこれは、**日銀による大規模金融緩和が「金利のない世界」を作り出しており、その終了とともに「金利のある世界」がやってくることを象徴する動きであるといえます**。実際に、2024年3月19日の大規模金融緩和終了後、普通預金金利だけでなく、先行して引き上げがはじまっていた定期預金金利についても、さらに引き上げることが多くの銀行から発表されました。

> 普通預金金利が0.1％に上がったことで、銀行に1万円を預けると1年で10円の金利が受け取れるようになったから、たしかに「金利がある世界」が実現したことがわかりますね！

ローン金利にも引き上げの動き

「金利のある世界」到来を前に、私たちが受け取る金利が増えるだけでなく、払う金利が増える可能性について警鐘を鳴らすような報道も現れはじめました。

2023年11月13日付の日本経済新聞のコラムにおいて、清水功哉編集委員は、「多くの読者が気にするのは、『人生最大の借金』である住宅ローンの金利がどうなるのかだろう」と指摘しています。大規模金融緩和解除直前の2024年3月10日付の日本経済新聞の特集記事「イチからわかる金融ニュース」は「日銀、マイナス金利解除なら何が変わる？　家計にも余波」と題し、**住宅ローン金利が上がる可能性を示唆しています**。具体的には、「（マイナス金利政策解除など日銀の金融緩和終了によって）基点（となる金利）が上がれば、短期プライムレート（短プラ）と呼ばれる金融機関が日銀の政策金利をもとに定める基準金利が上がる可能性があります。一般的に短プラと連動する変動型の住宅ローン金利には上昇圧力がかかることになります。0.2％台といった超低金利でお金を借りられた環境は変わりそうです」と警告しています。

現実の住宅ローン金利は、日銀による大規模金融緩和終了に先立つ2022年の終わりごろから、**長期固定型のものを中心に上昇がはじまっていました（次図）**。これは、長期固定型住宅ローン金利の基準となる、長期の国

債金利がこのころから上昇が目立ちはじめていたことと関連があると推測されます。

　一方、**変動金利型住宅ローン金利も日銀による7月の利上げを受けて銀行の短期プライムレートが引き上げられ、それと連動して上昇する可能性が出てきています。**

● **住宅ローン平均金利の推移**

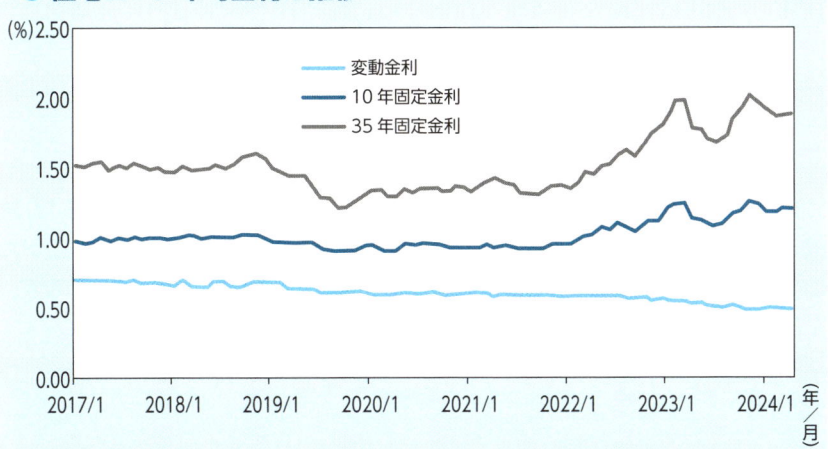

※ダイヤモンド社とホームローンドクター株式会社が主要15金融機関の実質適用金利から計算した平均値
出典：ダイヤモンド不動産研究所

「金利」や「金融政策」をしっかりと理解する

　ここまでの通り、2024年3月19日に決定された日銀による大規模金融緩和の終了が「金利がある・ない」を分けるまさに大転換であるとの認識が、当たり前のように共有されてきました。

　しかし、**日銀の大規模金融緩和が、より一般的には金融政策が、どのようなものであるか、そして、それが金利のある・なしにどのように関わっているのかを正確に認識できている人は、必ずしも多くはないはずです。** そもそも、日銀の金融政策が金利の全てを握っていると考えてしまうこと自体、誤

解であるどころか間違いですらある可能性もあります。日銀の内田眞一副総裁は、2024年2月8日の講演において、「『金利のある世界』は日銀が金利を上げることで実現するものではない。経済と物価の状況が改善し、金利を上げることがふさわしい状況を実現してはじめて可能になる」と指摘していました。日銀の幹部ですら、金利のある・なしは必ずしも自分たちが決めているわけではないと暗に認めていることになります。

　日銀が大規模金融緩和政策を終了することによって「金利のある世界」がやってくるという見方が日本経済新聞のような経済専門メディアにおいても当たり前のように報じられる一方で、内田日銀副総裁が「金利のある世界」は自分たちが実現させるわけではないと指摘する矛盾はどのように説明すれば良いのか。「金利のある世界」を迎えた我々自身が、あらためて「金利とは何か」を再認識する必要がありそうです。

　金利とは何か、金利がどのように生まれるのか、日銀がおこなっている金融政策は金利とどのような関係にあるのか。このような点に答えを出していくことも本書の狙いであり、読者のみなさんに理解してほしい点でもあります。

日々、金融政策や金利に関するニュースが取り沙汰されていますが、それについて考えるときに、まずは金利の本質を知っておくことが重要です。

金利の役割は変わりつつある？

変わりゆく金融環境と金利の関係

近年、私たちを取り巻く金融環境は大きく変わりました。
その変化と金利の関係について整理していきましょう。

新たな技術が私たちと金利との関係を変える

　長く続いた「金利のない世界」で、私たちとの関わりが薄れていた金利ですが、もともと私たちにとっての金利は、銀行に預金をしたときに受け取れるものといった程度の関わりである場合がほとんどであり、住宅ローンを借りた人に限って「払うべきもの」という関わりが生まれるというように、必ずしも生活に密接に結び付くものではなかったといえます。こうした観点からは、たとえ「金利がある世界」がやってきたところで、私たちの生活における変化はそう大きくないと考えられます。

　一方で、「金利のない世界」が続いている長い年月の間に、私たちと金利に新たな関わりを生み出しそうな変化が起きていたのも事実です。その一例が、お金の世界にみられるさまざまな新しい動きです。2020年から2023年にかけて私たちの生活に大きな影響を及ぼし、世界全体においても経済活動の停滞をもたらしたのが新型コロナウイルス感染症の流行でした。感染症の世界的流行期間においては、人との接触をできる限り回避することが有効な感染対策になるとの見解から、お金を受け渡す際に現金をやりとりするのではなく、なるべく現金の受け渡しを伴わない「キャッシュレスペイメント」を利用することが推奨されました。

　「キャッシュレスペイメント」には、日本である程度普及が進んでいたクレジットカード決済や、ICカードを利用した決済も含まれますが、**特に感染症流行期間に大きく浸透したのが、PayPayなどの二次元バーコードを利用したス**

マホ決済です。これらが画期的だったのは、食事会などでのいわゆる「割り勘」が現金を伴わずに可能になった点です。同じキャッシュレス決済でも、クレジットカードやICカードにはその機能はありません。これまで、現金を使わずに個人から個人へお金を渡す手段としては、銀行など金融機関の預金振り込み機能を使う以外ありませんでした。こうした点で、「金利のない世界」が続く間に、私たちは現金や銀行などを介さずに個人間で直接お金のやりとりをすることが可能になりはじめているといえます。

　スマホ決済などの新しい技術の影響により、私たちが金利をやりとりするほぼ唯一の相手であった銀行との関わりが大きく変わっているのだとすれば、今後やってくる「金利のある世界」での私たちと金利の関わりも、自ずと今までとは違ったものになる可能性があるでしょう。

金利は投資とも深く関係している

　「金利のある世界」到来と並行して、一見すると私たちと金利との関わりを薄れさせるような動きもみられます。2021年10月に発足した岸田内閣のもと、「資産所得倍増プラン」という政策が掲げられ、「貯蓄から投資」へと個人の金融資産の移行を促す取り組みが進んでいます。背景にあるのは、本格的な超高齢社会を迎える中で、金利が低い環境においても豊かな老後を支えるのに十分な金融資産と金融資産から生まれる所得が重要であるとの問題意識です。単純化すれば、銀行など金融機関の預金金利から得られる所得以上のものを投資によって生み出していく取り組みであり、一見すると個人と金利との関わりを薄れさせる可能性を持っているようにもみえます。日銀の大規模金融緩和政策が終了して「金利のある世界」がやってきても、政府が貯蓄から投資を促す取り組みをトーンダウンさせるような気配はありません。しかし、**「金利」と「投資」をお互いに対立関係にあるようなものとして捉えるのは実は誤りです。そればかりか、投資を考える際、金利に関わる知識や情報はむしろ不可欠なものです。**したがって、金利への理解を深めることが重要です。

　ここまで私たちの身の回りで見聞きする金利について、おおまかにみてきました。しかしながら、金利とはそもそもどのようなものなのでしょうか。その金利が持つ意味と性質について、次のPART 1から一緒にみていきましょう。

PART 1

金利が持つ本当の意味

金融機関を利用する際や、日々のニュースの中でたびたび触れる機会の多い「金利」。この金利とは、いったいどのようなものなのか、その基礎知識をはじめに学んでいきましょう。

金利はお金の値段

POINT
- 金利は「お金の値段」
- お金が余っているか・足らないかで金利は上下する
- さまざまな経済の状況がお金の過不足を生む

金利を普通の商品の値段と同じように考えてみる

金利は、お金を一定期間預ける（借りる）際、その金額に対してある割合でもらえる（払う）モノです。その割合（とそこから計算される金額）というのは、**「金利＝『お金の値段』」と考えてみると、実は一般的な商品と同じように決まっている**ことがわかります。

例えば、野菜などでは天候不順で収穫が少ないと大幅に値上がりすることがあります。逆に、豊作でとれすぎてしまうと信じられないほど安い値段でスーパーの店頭に並ぶこともあります。家電製品では、型落ちで人気がないモデルは、人気のある新型モデルよりも安く買えます。お金についても、**必要な人が多くてお金が足らなくなってくると金利が上がり、お金が手元でダブついていて余ってくると金利が下がる**という原理がはたらいているのです。

ただ、わかりにくいのは、お金が余っている・足らない、というのは具体的にどのような状況であり、また、何を理由としてお金が余る・足りないという状態が生み出されるのかという点です。お金が余っているなどということはなく、お金があるのだったらいくらでもほしいという人が多いのが一般的です。

お金が余っている・足らない状況を生み出すもの

注意してほしいのは、ここでいうお金が余っている・足らない、という状態は特定の個人が置かれている状況を指しているのではなく、**社会や経済全体としてどうなっているかを問題にしている点です。**

では、経済全体としてお金が余る・足らない、という状況はどのようにして生まれ、どのようにして変化するのでしょうか。そのさまざまな要因についてこのあとの項目で詳しく解説していきます。

MEMO 金利の類義語には、「利息」「利子」「利子率」などさまざまな言葉があるが、本書では、これらの用語を原則として「金利」で統一することにしている。

金利とお金の関係

● お金が必要な人が多いとき

車を買いたいから
お金が必要だな…

今度、家を買うから
お金が必要になるね！

お金の人気が高まる

お金の人気が高まると、
社会全体でお金が不足
し、お金の値段が上がる

● お金が余っている人が多いとき

今はお金を
必要としていないから、
銀行へ預けよう

大きな買い物は
しないから、お金のまま
持っておこう

お金の人気が減る

お金の人気が減ると、社
会全体でお金が余り、お
金の値段が下がる

金利＝「お金の値段」にも、農作物の需要や供給な
どと同じような原理がはたらいています。

Q&A

Q 金利が変わるのはなぜですか？

A 金利がなぜ変化するかを、あまり難しく考える必要はありません。一般の商品
と同じように、人気があるもの・足りないものほど高くなり、人気がないもの・
余っているものほど安くなる、というしくみで上下していると考えてください。
ここで、「私はお金だったらいくらでもほしい」という個人の事情は無視しなく
てはいけません。問題になるのは、社会や経済全体としてお金が余っているか・
足らないかです。

お金の過不足を決める要因は？

POINT
- お金の過不足を決める要素はその使い道
- お金をモノに換えるべきかの判断が重要
- 「お金の値段」が上がると、金利も上がる

◤ お金を使う選択肢の多さが金利に影響

　金利を上下させる原動力である**お金の余り具合（足らなさの度合い）を変化させる要素は、端的にいうと「お金の使い道」です。**

　より具体的にいえば、お金を何かほかのモノに換えた方が有利だと思える状況なのかどうか、換えた方が有利だと思える選択肢がどれだけ多くあるかにかかっているといえます。

　ここで、「お金の使い道」という場合、後々まで残るようなモノを買った場面を思い浮かべてください。例えば、株（株式）を買う、土地を買う、あるいは工場を買って事業を営むといった場面です。

　このように**何かモノに換えた場合とお金のまま持ち続けた場合で、将来どちらが増えているか・多くなっているか**を比べます。

◤ お金をモノに換える方が有利な状況を思い浮かべる

　例えば、「土地が大きく値上がりし、将来も確実に続きそうだ」といった誰の目からみてもお金をモノに換えて持った方が有利にみえる状況が目の前にある場合、多くの人がお金をなんとか工面して土地を買いたい、さらには、ほかの人からお金を借りてでも買いたいという人が現れるでしょう。

　お金が足らなくなるとはこのような状況です。言い換えれば「お金をほかのモノに換える方が有利だ」と多くの人が思うような状況こそ、お金に人気が殺到し、足らなくなる状況です。このとき、**人気があるお金を手に入れようとすればその値段は高くなるはずであり、それがまさに金利が上がる局面になる**のです。

○**用語** **リターン**：お金に換えて買ったモノが一定の時間に生み出す利益をリターン、日本語では「利益率」、「収益率」と呼ばれる。これが金利の大きさを決める重要な要素になる。

「お金の使い道」が金利を決める

● お金の使い道はさまざま

お金のまま持ち続けた場合と、何かモノに換えて運用した場合を比較したとき、将来どちらの価値が増えているかが金利を決める

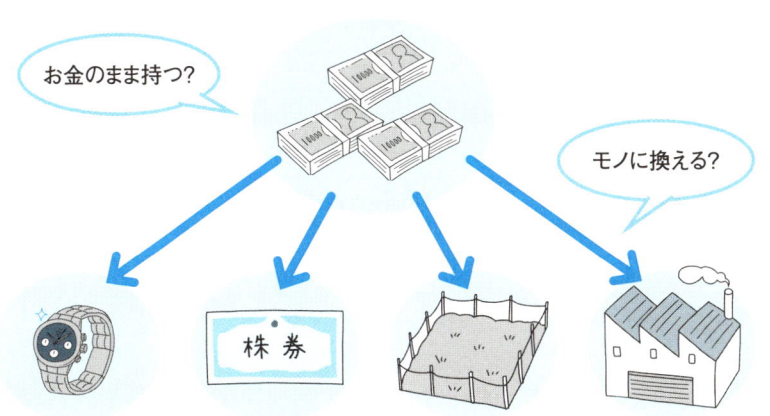

お金のまま持つ?

モノに換える?

● お金の人気が高まると金利も上がる

お金のまま置いておくよりも、土地を買った方が、価値が上がるので土地を買います!

土地の価値が上がるなら、お金を借りてきてでも買いたい!

大人気!

お金に人気が殺到して、お金が足らなくなるため、金利が上がる

Check

お金が足らなくなる状況とは、多くの人が「お金を何か他のモノに換えたい」「お金を借りてでも何かほかのモノを手に入れたい」と考える状況であり、お金が余る状況はその逆ということになります。お金の人気によって、お金の値段である金利が上下するという原理を理解しましょう。

お金の別の使い方が生み出す価値

POINT
- お金の値段の中身は3つ
- 1つ目は別の使い道から生み出せた価値
- 別の使い道から生み出せる価値は景気と関係する

◤ 別の使い方から生み出せる価値

　これから「金利＝お金の値段」の中身を3つに分解して説明します。1つ目は**お金を別の使い道に使った場合に生み出せるであろう価値**です。

　例えば、自分が持っているお金で工場を建て、車を作ったら10％の利益が出る使い道があるとします。一方、自分が持っているお金を銀行に預けていた場合、金利が5％しかつかなければ、多くの人が工場を建てるためにお金を使ってしまうか、そのためにお金を借りようとする人が殺到して、お金が足りなくなる状況が生まれるでしょう。

　このような状況を避けるためには、**別の使い道が生む価値と同等の金利をつける必要があります**。それが、お金の値段を決める1つ目の要素であり、すなわち金利の中身のひとつとなります。

◤ お金の値段を決める別の使い道は無限にある

　別の使い道から生み出せる価値はお金の値段を決めるひとつの要素ですがその「別の使い道」は無数に存在します。例に挙げた、工場を建てて車を作るという場面は決して一般的とはいえません。しかしながら、取りまく経済の状況が同じであれば、**どのようなお金の使い方をしてもそこから得ることができる利益や見返りはだいたい同じになる可能性が高い**です。

　つまり、別の使い道から生み出せる価値というのは、結局のところ、そのときの経済の状況を反映していることになります。この経済の状況のことを一般的に**景気**と呼びます。**お金の値段である金利を決める1つ目の要素は景気の動向と言い換える**ことができます。

MEMO 「景気は気から」、つまり経済の良し悪しは気分の問題ともいわれる。しかし本来は、お金を使ってどれだけ価値が生まれるかで決まるので、気分だけの問題ではない。

お金の別の使い道から生まれる価値が金利を左右する

● あるときの経済状況

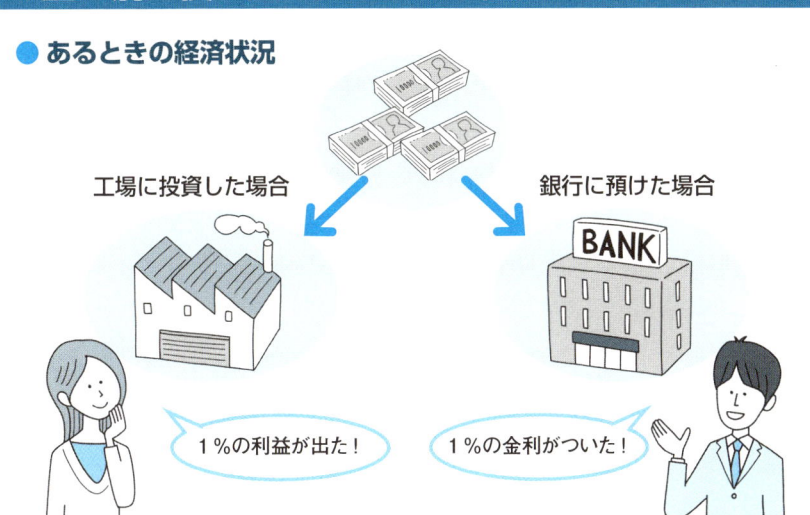

工場に投資した場合　　　　　　　　銀行に預けた場合

1％の利益が出た！　　　　1％の金利がついた！

● 景気が良くなったときの経済状況

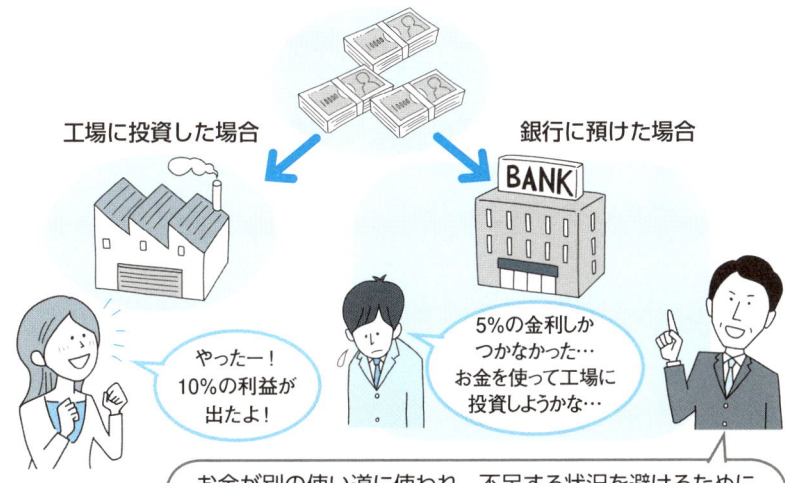

工場に投資した場合　　　　　　　　銀行に預けた場合

やったー！
10％の利益が
出たよ！

5％の金利しか
つかなかった…
お金を使って工場に
投資しようかな…

お金が別の使い道に使われ、不足する状況を避けるために
は、お金にも同じくらい高い金利をつける必要があります。

Ｃheck

　経済状況が好調な場合（「景気が良い」や「好景気の状態」という）ほど、お金を別
の使い道に使ったときに、金利以上の価値や利益を生み出す機会が増えます。よっ
て、お金の値段である金利は景気が良いときほど高くなりやすいです。

モノの値段の変化がお金の値段を決める

POINT

- お金の値段を決める要素の2つ目は、モノの値段の変化
- モノの値段の変化に応じ、お金の人気を調整することが必要
- 金利の上がり方と、物価の上がり方はおおよそ同じ

▶ お金の値段には物価の変化が含まれる

　前項で例に挙げた、「工場を建てて車を作ることから得られる利益＝儲け」は、売れた車の台数だけでなく、その車の値段によっても増えることがあります。

　モノの値段の変化が理由であっても、それによりお金の使い道が生む価値が増えるのであれば、その分お金の人気が高まり、結果的にお金の値段である金利も高くなるでしょう。

　こういったことから、**お金の値段の変化にはモノの値段の変化も含まれる**と考えられます。つまりこの**モノの値段の変化が、お金の値段を決める2つ目の要素**となります。

▶ 物価が上がると金利は上がる

　お金の値段にモノの値段（物価）の変化が含まれるという実態は、モノの値段が高くなると、よりたくさんのお金を用意しないと買えなくなるという単純な事実からも説明できます。

　例えば、今まで100万円で買えた車が性能などは全く同じなのに、150万円を出さないと買えなくなるとします。「この車が絶対にほしい」と思っている人は値上がりする前にお金を借りてでも買ってしまいたいと考えるでしょう。

　このように、多くの人がお金を早くモノに換えてしまおう、お金を借りてでも買おうとすると、お金が足らないという状態が生まれます。このとき、**お金が足らなくならないように人々をつなぎとめておくには、お金の値段である金利を高くし、お金のまま持っていても、それほど損をしない状態を作る**必要があります。

　したがって、お金の値段である金利は、**モノの値段の上がり方とだいたい同じ程度に高くなる**必要があるわけです。

26 ○**用語** **インフレーション**：モノの値段が高くなること。インフレと略される。物価が上がる割合のことを「インフレ率」「物価上昇率」と呼び、お金の価値が下がる度合いのことでもある。

モノの値段の変化に伴ってお金の値段も変化する

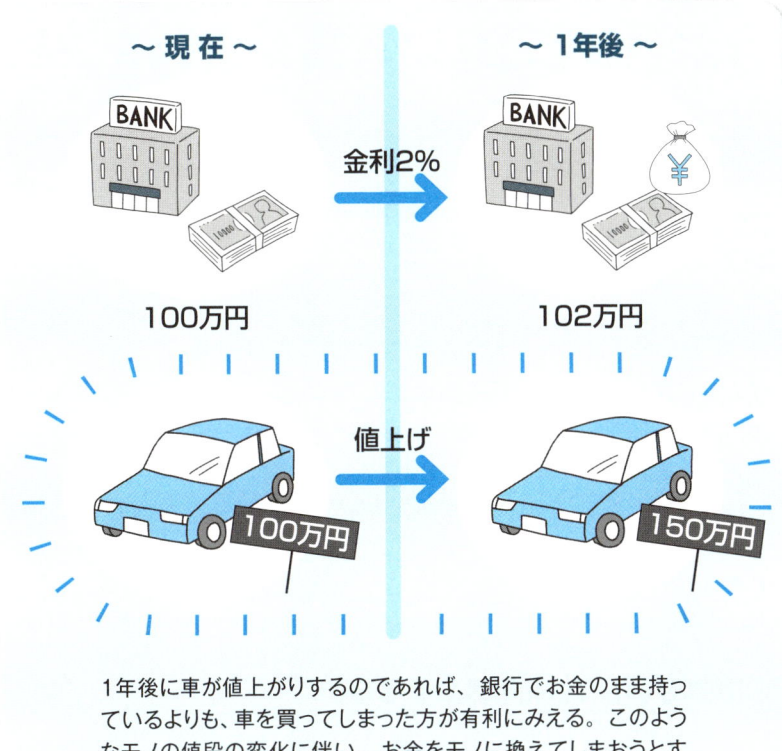

～現在～ ～1年後～

金利2%

100万円 102万円

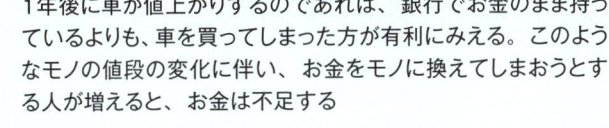

値上げ

100万円 150万円

1年後に車が値上がりするのであれば、銀行でお金のまま持っているよりも、車を買ってしまった方が有利にみえる。このようなモノの値段の変化に伴い、お金をモノに換えてしまおうとする人が増えると、お金は不足する

> このようなときにお金が不足する状況を避けるためには、お金のまま持っていても損をしないように、金利を上げる必要があります。

Q&A

Q インフレは金利の変化と関係ありますか？

A インフレは、お金を早くモノに換えてしまおうという動機になるため、お金が足らない状況を生み、お金の値段である金利を高くする条件のひとつになります。金利はインフレ率に比例して高くなる、という性質を持っています。

お金が返ってこない危険が金利を決める

POINT
- お金の値段はお金が返ってこなくなる危険を含む
- お金が返ってこなくなる危険を「リスク」と呼ぶ
- 金利はリスクと比例して上下する

▶ お金が返ってこないリスクがお金の値段を決める

　ときに、お金を使ったものの、価値を生むことに失敗してしまう場合があります。このように、**お金が返ってこなくなる危険のことを「リスク」と呼び、これがお金の値段を決める3つ目の要素**となります。

　例えば、車を作ろうとして工場を建てたものの、見込みが外れて車が全く売れなかった、というような場合です。このとき、価値を生むことに成功した場合だけを考えてお金の値段を決めてしまっていると、お金の過不足のバランスが崩れることになります。

▶ 危険が大きい分だけ金利は高くなる

　仮に、今パターンA・B・Cの3通りのお金の使い道があり、いずれのパターンも成功した場合、1年間で10%の儲けが出るとします。ただし、パターンAは100%成功が保証されていますが、パターンBは成功する確率が80%、パターンCの成功確率は50%とします。この場合、それぞれの使い方をしようとしている人にお金を貸すとき、金利が同じではリスクに見合いません。そのため、パターンA・B・Cそれぞれの使い道と、最終的に手元に残るお金が釣り合うようにする必要があります。

　パターンBでは、成功する確率は80%で、成功できなければお金を貸したくないので、金利として「10×（100／80）＝12.5」より12.5%をもらわないと危険に見合いません。

　同様に、パターンCの場合には、「10×（100／50）＝20」より20%の金利をもらわないと、危険が釣り合わないことになります。

　このように、**金利はお金の使い方にまつわる危険と比例して上下する性質を持つ**ことになります。

MEMO リスクは元来、成功・失敗の「バラツキ」の意味であるため、「大成功」もリスクに含む点に注意する。

金利はお金が返ってこなくなる危険を反映する

お金を貸すとき、その借り手によって貸したお金が返ってこなくなる危険の度合いが異なり、その危険の度合いが金利を決める

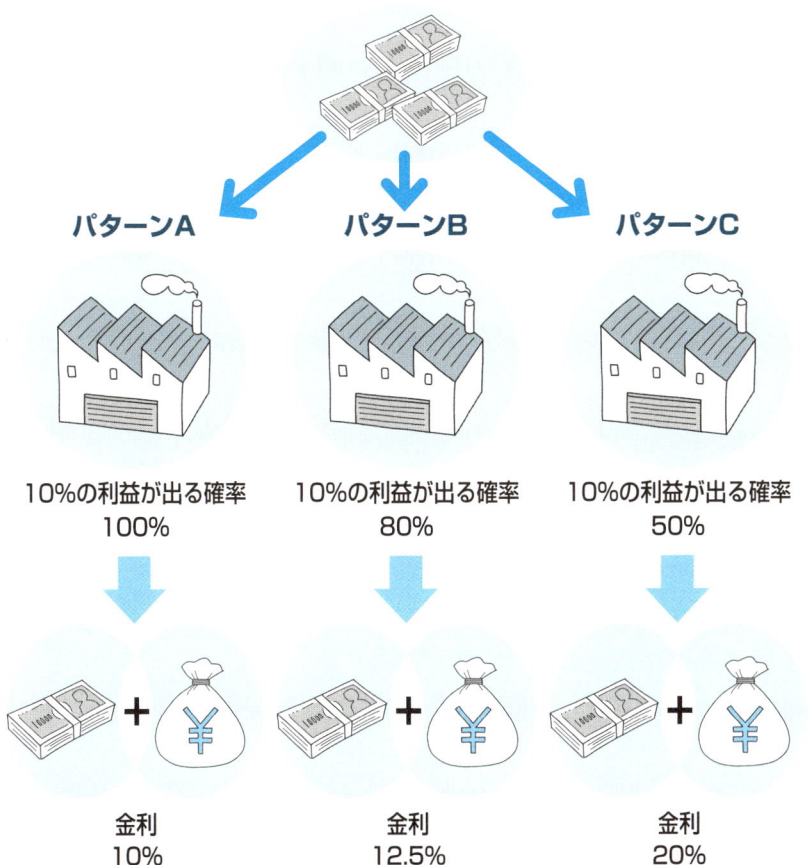

パターンA

10%の利益が出る確率
100%

金利
10%

成功が100%保証されているので金利は利益と同額で良い

パターンB

10%の利益が出る確率
80%

金利
12.5%

パターンC

10%の利益が出る確率
50%

金利
20%

それぞれ一定の確率で、貸したお金が返ってこなくなる可能性があるので、その危険に見合った金利を余分につける

Check

　お金の使い道が豊富になると、お金が足らなくなり、金利が上がります。しかし、それが危険な使い道ばかりである場合、お金の人気は高まりません。このようなときにお金をそのままにしておく場合と、危ない使い方をした場合では、金利の差が大きくなると捉えるのが正確です。

お金を返す支払能力で金利は変わる

POINT
- お金が返ってこなくなる危険の1つ目は「支払能力」
- 支払能力の高さを「信用」と呼ぶ
- 信用の大きさが金利の高低の差となる

▶ 支払能力でお金が返ってこなくなる危険を判断する

　お金を借りたときに、お金の使い方を間違え、お金が返せなくなることがあります。一方、お金の使い方を間違えても、別に十分なお金を手元に持っている人であれば、借りたお金を返すことは可能です。つまり、**お金が返ってこなくなる危険は借りた人の返す力、支払う力に左右される**といえます。

　お金を借りた人の返す力（「返済能力」という）や支払う力（「支払能力」という）の大きさを「信用」と呼びます。一般に、信用は「嘘をつかないこと」といった意味で使われますが、金利に関連して使われる場合は、返す力と支払う力を表します。

▶ 信用の高さが金利の高低の差となる

　支払う力（信用）の大小が金利に直結することを私たちが実感するのは、消費者金融を利用する場合です。消費者金融の広告をみると、「借入金利が年3〜18％」などと大きな幅をもって示されています。これは、借りる人の収入や財産の状況、過去にした借金の返済実績などから、**返済能力（信用）の審査が事前におこなわれ、それに基づいて金利が変わる**ことを示します。

　これは、ほかの人が低めの金利で借りられたからといって、自分も同じ金利で借りられるとは限らないということなので、注意が必要です。

　信用の大きさにより金利の大きさが変わることは、個人のお金の借入だけではなく、**企業のお金の借入の場合においても起きる**ことです。「支払能力が低い＝信用が低い」とみなされる企業が銀行からお金を借入する際、信用の高い企業が借りる場合に比べ、金利に一定の上乗せを求められるのが一般的です。逆に信用の高い個人や企業が借入をする際には、金利が優遇され通常より低い金利で貸してもらえるケースも出てきます。

○**用語** **信用情報**：クレジットカードを利用した際、期日にきちんと支払ったかどうかのデータが蓄積され、「支払能力の見極め＝信用の判定」に使われる。このデータを「信用情報」と呼んでいる。

信用の高さで金利の高低が決まる

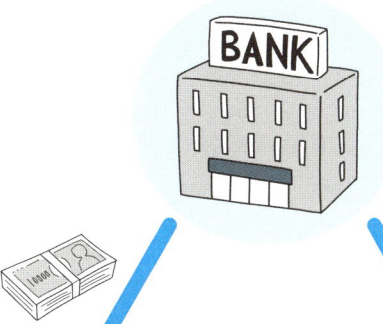

企業A 信用 高

資金が潤沢な企業は、返済能力が高いため、リスクが低い。結果、銀行がお金を貸す際の金利は低くなる

リスクが低いので低金利

企業B 信用 低

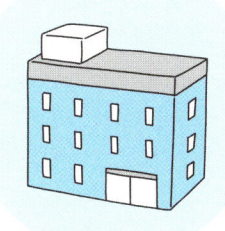

資金が潤沢でない、先行き不透明な企業は、返済能力が低いとみなされ、お金を貸してもらう際の金利は高くなる

リスクが高いので高金利

Q&A

Q 私たちの信用ってどのように確認されているのですか？

A 家や車などを購入する際、金融機関から一時的にお金を借りることがあります。そのとき金融機関は借りる人の信用を審査しますが、その際に確認する信用情報は、主に信用情報を管理している指定信用情報機関より提供されています。

返済までの時間が長いほど金利は高い

POINT
- 返済までの期間の長さも危険に関係する
- 期間途中の予想可能な状況変化は危険とならない
- 一般に期間が長いほど定期預金金利は高い

◤ 危険の判断基準には返済までの期間の長さも含まれる

　お金が返ってくるまでの期間の長さもお金が返ってこなくなる危険を大きくする要因です。なぜなら、期間が長くなるほど、お金が返ってこなくなることに結び付くさまざまな出来事に出くわす機会が増えるためです。

　ここで注意することは、長い期間であっても**起きることが確実に予想できることは、お金が返ってこなくなる危険には関係しない**ということです。特に、前項で説明した信用も、期間が長くなると変化する可能性は大きくなりますが、事前にわかっている変化であれば、その分は事前に金利に反映されますので、期間が長くなったからという理由では金利の大きさは変わらないことになります。期間が長くなることが金利の大きさに関係する場合があるのは、「その期間に起きることがわからない」という危険が反映されるためです。

◤ 定期預金でみられる金利の事例

　一般に、期間の長さが金利の高低に関係することを実感できるのは、**銀行などの定期預金金利が預ける期間の長さによって違う**ケースです。預金は元本と金利の支払いが確実であり、万が一、銀行が破綻するような場合でも一定金額までは預金保険というしくみで支払いが保証されているので、信用は金利の高低には基本的に関係しません。そのうえで、期間によって金利が違っているのは、**期間の長さを原因とするさまざまな危険に対する見返りとなっている**と考えられます。

　この場合の危険は、どちらかといえば銀行ではなく、預ける側の出来事であることが多いでしょう。定期預金は約束した満期が来る前に解約しようとするとペナルティを取られることがあります。これは、急に預金をおろさなければいけないような危険に対する見返りが金利に反映されているといえます。

用語 **満期**：預金の払戻期限、借入の返済期限のことを満期という。満期前の払戻や返済が許されているかどうかも金利に反映されるので、利用者としてきちんと把握しておくこと。

時間が長いほど不確実性が大きくなり金利は上がる

● A社に5年間お金を貸す

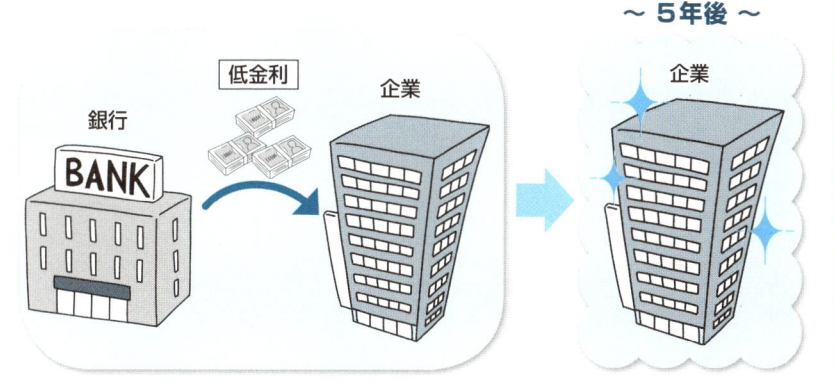

〜 5年後 〜

低金利　銀行　BANK　企業　企業

お金を貸す期間が短ければ、その間に起こることがある程度予測できるため、時間の長さが理由で金利は高くならない

● A社に30年間お金を貸す

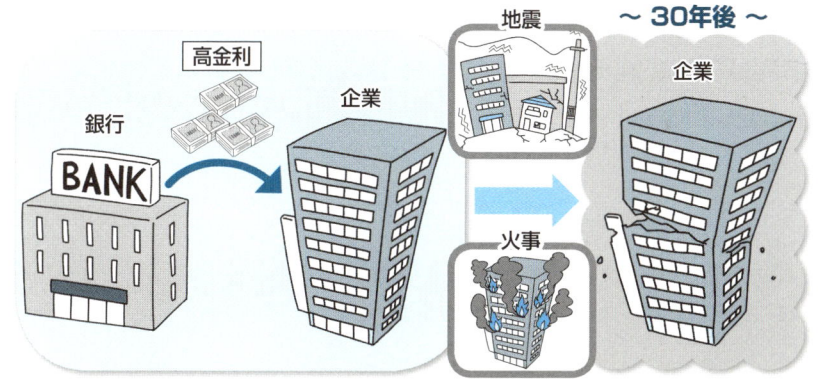

地震　〜 30年後 〜

高金利　銀行　BANK　企業　企業

火事

お金を貸す期間が長いと、その間に自然災害の発生やそのほかの危険など、不確実なことが多くなるため、高い金利で埋め合わせをする

Check

　事前にわからないことや不確実なことがある場合、それらは起こりそうな確率にしたがって金利に反映されます。時間が長いほど、さまざまな不確実なことが起きる確率が重なり合って大きくなるため、金利に大きく影響するといえます。

金利の要素は3つの専門用語で表す

POINT
- 専門用語を知っていれば、専門家の解説も理解が深まる
- 金利の3つの中身は専門用語で表される
- 金利＝実質金利＋予想インフレ＋リスクプレミアム

■「お金の値段＝金利」の中身を専門用語で言い換える

みなさんがさまざまなニュースで金利の話題に触れる際、専門用語を使った解説に出会うケースがあります。このとき、**その用語を知っていれば、経済学者などの専門家が金利の話をしてもある程度、理解することができます。**

これまでに説明したお金の値段としての金利の中身3つ、つまり①別の使い道から生み出せた価値、②モノの値段の変化、③お金が返ってこなくなる危険、は次のような専門用語で呼ばれていますので覚えておきましょう。

■ 金利は実質金利＋予想インフレ＋リスクプレミアムで決まる

別の使い道から生み出せる価値に対応する金利を「実質金利」と呼びます。また、これと区別するために、金利全体のことを「名目金利」と呼ぶことがあります。

モノの値段の変化に対応するお金の値段の中身を「予想インフレ」、もしくは「期待インフレ」と呼びます。モノの値段の変化のことを「インフレ（率）」と呼びますが、それに関する予想が金利には反映されていると考えられています。

お金が返ってこなくなる危険に対応したお金の値段の中身を「リスクプレミアム」と呼びます。プレミアムは直訳すれば「おまけ」といった意味ですが、危険に対する見返りとしてお金の値段である金利を高くしておくといった性質を持ちます。

以上をまとめると、**「(名目)金利＝実質金利＋予想(期待)インフレ＋リスクプレミアム」**という式になります。経済の世界では基本となる式なので、ぜひ覚えておいてください。

◯ 用語　**期待**：経済、金融用語として用いられた場合、「何か良いことを期待する」という意味は含まない。原語である英語のExpectedは、「予想」に近い、善悪の判断を含まない用語。

金利を構成する3つの要素

（名目）金利

| 実質金利 | 別の使い道から生み出せる価値に対応する金利の中身のことを指す。例えば、お金のまま持っているのではなく、工場などに投資して得られる価値のこと |  |

| 予想（期待）インフレ | モノの値段の変化に対応する金利の中身を指す。物価の上昇に伴い、お金をモノに換えてしまおうと思う人をつなぎとめておくときに変化させる要素 |  |

| リスクプレミアム | お金が返ってこなくなる見返りに対応する金利の中身を指す。借り手側に起こるさまざまな出来事により、貸したお金が返済してもらえなくなる危険の埋め合わせとして上乗せされる |  |

ここで紹介した金利の分解式は、経済や金融の世界では「基本中の基本」となる数式です。金融に関わるメディアの記事や評論では比較的、当たり前のように使われますので、覚えておきましょう。

さまざまなリスクの種類

POINT
- リスクにはさまざまな種類がある
- リスクへの対価として金利が上乗せされる
- 上乗せされた金利を「リスクプレミアム」と呼ぶ

▶ リスクの種類を表す専門用語

　前項で登場したリスクプレミアムについての解説の続きです。ここまで、危険（リスク）の種類として、支払能力と時間の長さの2つを説明しましたが、それ以外にもリスクにはさまざまなタイプがあり、支払能力等も含め、それぞれに専門用語が存在します。以下に、代表的なものを挙げます。

- **信用リスク**：支払能力がなくなる危険、信用が失われる危険です。英訳をそのまま使用して「クレジットリスク」とも呼ばれます。
- **期間リスク**：時間の長さから生じる危険です。英訳をそのまま使用して「タームリスク」とも呼ばれます。
- **流動性リスク**：売ろうとしているものに買い手が現れない、またはその逆によって、全く値段がつかない、あるいは売ろう（買おう）としていた値段が大きく変わってしまうような危険です。
- **カタストロフ（大惨事）リスク**：地震などの大災害、戦争、テロなど、通常では起こらないような危険を指します。

▶ すべてのリスクはプレミアム（おまけ）を要求する

　以上のようなリスクの種類を表す用語を説明したうえで、あらためて強調しておきたいのは、**これらのリスクへの引き換えとして金利は上乗せされる**という点です。この上乗せされた金利のことをリスクプレミアムと呼ぶことは前項で説明した通りです。

　つまり、リスクにもいくつか種類があることに対応し、リスクプレミアムにも性質の異なる種類が生まれることになります。これらは基本的に、**リスクの名称にそのまま「プレミアム」を続けて呼ばれます**。「信用リスクプレミアム」「期間リスクプレミアム」「流動性リスクプレミアム」という使い方です。

⦿用語　プレミアム：一般に「プレミアムつき」など特典・おまけの意味で使われる。金利に含まれるプレミアムは、むしろ危険に対するペナルティとして金利が上乗せされた分を表す。

リスクプレミアムとその代表例

● リスクプレミアムとは？

リスクプレミアムとは、リスクに対する見返りとして上乗せされる金利のこと。お金を貸すと損失を被ってしまうリスクがあるとき、そのままでは貸し手が現れなくなるので、その分、見返りとして付加する。代表的なものとしては以下の「金利に関わるリスクの例」のようなものがある

● 金利に関わるリスクの例

信用リスク ⇒**信用リスクプレミアム**	企業の倒産などにより、借りたお金を返済する支払能力、つまり信用が失われる危険。クレジットリスクとも呼ばれる
期間リスク ⇒**期間リスクプレミアム**	お金を貸し出す時間の長さに伴う危険。時間が長い分、その間に経済状況の変動や流動性の低下などの可能性が高まるため危険とされる
流動性リスク ⇒**流動性リスクプレミアム**	売りたいモノが人気の低さなどから買い手が現れず、希望の価格で売ることができず損を被るといった危険
カタストロフ（大惨事）リスク ⇒**カタストロフリスクプレミアム**	地震などの自然災害や戦争、テロなどの通常では起こらない大惨事によってお金の価値が変わってしまう危険
為替リスク ⇒**為替リスクプレミアム**	経済状況の変動により外国の通貨に換えて貸していたお金が、円に戻すと価値が落ちてしまうような危険
カントリーリスク ⇒**カントリーリスクプレミアム**	海外の国にお金を貸した際に、政治や経済、社会情勢などの変化により、状況が変動し、貸した分のお金が返ってこなくなる危険
インフレリスク ⇒**インフレリスクプレミアム**	物価の上昇により、貸しているお金の価値が低くなってしまう危険。ただし、「予想（期待）インフレ」として独立に扱われることが多い

Q&A

Q リスクプレミアムはなぜ存在するのですか？

A お金は魅力的なものですが、それを失う危険がつきまとうものでもあります。お金が危険を含んでもいても人気を保つために、金利を引き上げる存在が「リスクプレミアム」と考えることもできます。

金利を分解する意味

POINT
- 金利を3つに分解して考える
- 金利を分解することで金利が動く背景がわかる
- 金利の将来を予想するうえでも有効

■ なぜ金利をわざわざ3つに分けて考えるのか？

「(名目)金利＝実質金利＋予想(期待)インフレ＋リスクプレミアム」と説明しました(P34)。金利を3つに分解して考える理由は、これら3つの要因が、**それぞれ異なる理由で大きくなったり小さくなったりするため**です。

実質金利は、経済の状態が好調になるなど、お金の別の使い道が生み出せる価値が大きくなる場合に高くなります。予想インフレは、モノの値段の上がり方が激しくなりそうな場合に高くなります。リスクプレミアムは、お金が返ってこなくなる危険が大きい場合に高くなります。

金利を3つに分解しておけば、金利が動いたとき、あるいは予想外に高い(低い)金利に直面したときに、**なぜそうなっているのかを考える手がかりを得やすくなります**。

■ 3つに分解して考えると自分で金利の将来を見通せる

金利を3つに分けて考えることは、**金利が「将来上がるのか・下がるのか」「どの程度上がるのか・下がるのか」を予想するうえでも有効**です。

銀行の窓口で現金を預けようとしたとき、または、住宅ローンを借りようとしたとき、将来金利がどうなりそうかについては教えてくれません。しかし、**金利を分解して考えるクセをつけておけば、自分である程度、見通しを立てられる**ようになります。

もちろん、金利を分解して考えても3つのパーツがいつも同じ方向に動くわけではないので、金利の将来が正確に予想できる保証はありません。それでも、「経済の状態は良くなりそうなので実質金利は上がる可能性が高い。しかし、物価はそれほど上がりそうもないので、金利全体としてはあまり上がらないだろう」といった、ある程度の目安を得るうえでは有効です。

MEMO 経済が好調だと物価も上がりやすいため、実質金利と予想インフレは同じ方向に動く傾向がある。経済が不調だと借金返済に苦しむ人の増加などから、リスクプレミアムはほかの2つの要素と逆に動きやすい。

金利を分解して考えると見通しが立てやすい

お金にはさまざまな使い道がある。例えば、銀行の定期預金に預けたり、または車を買ったりするなど多々あるが、将来金利がどうなるかを自分で見通すことができれば、より有利な判断を下すことができる可能性が高まる

> 今、手元にあるお金を銀行の定期預金に預けようかな？　それとも、車を購入しようかな？　今後、銀行の金利はどうなるだろう…？

金利は上がりそう？／下がりそう？

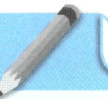

実質金利	経済状態は良くなる？	上がりそう／	（下がりそう）
予想インフレ	物価の上がり方は加速する？	上がりそう／	（下がりそう）
リスクプレミアム	返済できないリスクは減る？	（上がりそう）／	下がりそう

> 今後、金利は下がりそうだから、一定の期間、金利が固定できる銀行の定期預金に預けよう！

Q&A

Q 金利を3つに分解する考え方は日常生活でも使いますか？

A この考え方は、大学で経済学や金融を勉強する際にはごく一般的におこなわれることですが、日常生活において知らないと困るという考え方ではありません。ただし、この考え方を知っていると、金利の将来の見通しを踏まえた判断ができ、適切な生活設計につながります。

金利は時間の値段でもある

POINT
- 金利はお金の値段であるとともに、時間の値段でもある
- 1年あたりの金利で比べることを「年率化」という
- さまざまな期間の金利の変化は年率で比べる

▶ 金利が発生するには時間が必要になる

　金利の本質に関わるもうひとつ重要なポイントは「時間」です。お金に値段が生まれ、金利がゼロではない形あるモノになるには時間が必要です。お金を何かに使って価値を生み出すにも時間が必要です。モノの値段が変わるのにも時間がかかります。今ここにあるお金が減る・なくなるのは、少なくとも未来のことであるという点で、お金にまつわる危険も時間とともに発生するものです。

　金利はお金の値段であるという説明は間違いではありませんが、それとともに、**お金に値段がつくためには時間が必要であるという点で、金利は時間の値段でもある**のです。つまり、今のお金は将来「金利×年数」の分だけ、価値が増えることになります。

▶ 「1年あたり」で考えると比較しやすい

　ここで問題になるのは、例えば金利が上がっていくのだとすれば、期間が長いほど金利は必ず高くなるのかということです。

　金利を比較するときは時間の長さによる有利・不利が生じないような比べ方をすることが一般的になっています。**それを年率化といい、原則「1年あたり金利が〜％」と表す**ことで、時間の長さがお金の値段に与える影響をならして比べることができるような工夫がなされています。

　消費者金融の貸出金利が「実質年率〜％」と表示されているのは、1週間借りても、2年間借りても、「1年あたりだといくら」という形で、金利の高い・低いがわかるようにするためです。こうしておかないと、短い期間お金を借りた方が常に有利になっているような錯覚が起きてしまうためです。

MEMO 金利を1年あたりに換算（年率換算）するのは、異なる期間の金利どうしを比べやすくするだけでなく、経済の好調さを表す経済成長率やインフレ率とも比べやすくするメリットもある。

金利を「時間」で考える

● お金の価値は時間とともに変化する

■「現在」を基準に考える

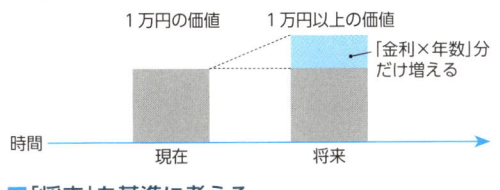

金利は時間の値段でもあるので、時間が経過するにつれ「金利×年数」の分だけお金の価値が増える

■「将来」を基準に考える

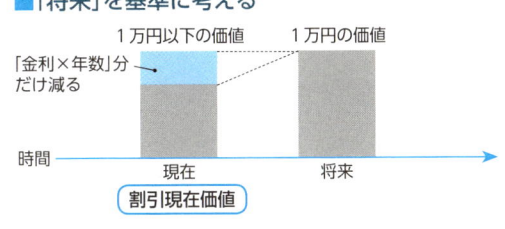

将来のお金の価値を軸に考えると、「金利×年数」の分だけ現在の価値が低くなる。このように将来のお金の価値を基準にして、金利をもとに現在のお金の価値を換算したものを「**割引現在価値**」という

● 金利は年率化することで比較できる

金利の期間がバラバラだとどこがお得かわからない

A銀行　　B銀行　　C銀行

金利を年率化するとどこがお得か比較しやすい

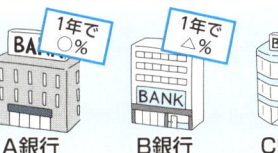 

A銀行　　B銀行　　C銀行

銀行によって金利の期間がバラバラだと、どこに預ければ得なのかわかりにくいなあ…

金利の期間を「1年あたり」に揃えてくれれば、どの銀行に預ければいいか比べやすい！

Q&A

Q 銀行で「年率2.0%で3カ月もの」と書いてあったのですが、1万円を預けた場合、利息はいくらもらえますか?

A 年率化された金利を使って、利息を計算するときには以下のような計算をします。
「預けるお金(円)×金利(%)÷365日×預ける期間(日)＝利息(円)」
実際に数字を当てはめると、
「10,000円×0.02(2.0%)÷365日×90日(3カ月)≒49円」
つまり、49円の利息がもらえることがわかります。
※厳密には、利息から20.315%の税金が差し引かれる

変化の値段を反映する金利

POINT
- 金利は「変化の値段」でもある
- 変化が大きいほど金利も大きくなる
- 金利は高すぎも低すぎもしない状態が好ましい

◤ 時間が経過しても変化がなければ金利は生まれない

　金利は時間の経過とともに起きるお金の値段の変化です。ということは、変化が全くないのであれば、金利が生まれないということも理論的にはあり得ることになります。

　一定の時間を通じて、お金が何の価値も生まず、物価も変化せず、お金がなくなる危険も全くないという状況が仮に実現するのであれば、お金には全く価値が発生しない、つまり金利がないということはあり得ます。このような点から、**金利は変化の値段でもある**といえます。

◤ 3つの要素の変化量によって金利が上下する

　金利の大きさに影響を与える変化の中身は、①別の使い道から生み出せる価値、②モノの値段の変化、③お金がなくなってしまう危険、の3つの要素です。これらが、時間が進むにつれ変化する可能性は、変化の値段として金利に反映されます。

　これら**3つの要素の変化が大きければ大きいほど、金利も大きくなるという関係があります。**ただ、金利が反映する変化は良いことばかりではありません。お金の価値が増えるような変化は純粋に良い変化であるといえますが、物価が上がるような変化は必ずしも好ましいものではなく、さらには、お金がなくなる危険が増えるような変化は、ほぼ好ましくない変化であるといえます。

　このように金利が含む変化の値段は好ましいものばかりではありませんが、一方で金利が低い状態は世の中の変化が少なく、経済や社会が停滞した状態を示しているということでもあります。経済が停滞し閉塞感がある状態も決して好ましいものではありません。このことから、**金利が高すぎも低すぎもしない状態にある経済や社会が、最も好ましい経済状態にある**と考えられます。

用語 **デノミネーション**：「デノミ」とも呼ばれ、旧1万円を新1円と読み替えるなど、通貨の単位を変えることを指す。お金の価値が激変するデノミは、金利が異常に高い際におこなわれやすい。

金利は変化の大きさに応じて変わる

● 変化が少ない社会

社会状況に変化が少ない場合、金利は低くなる。金利が低いということは、経済が停滞していることを示す

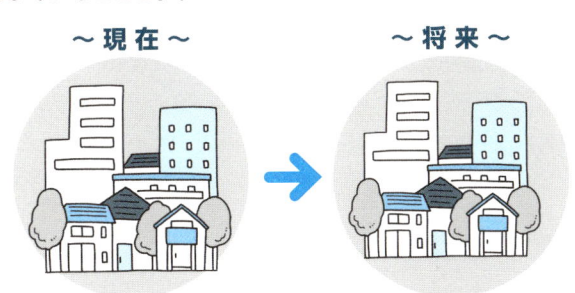

～現在～　　　　　　～将来～

変化が少ない

● 変化が大きい社会

社会状況に変化が大きい場合、金利は高くなる。金利が高いということは、物価の上昇が続く、またはお金が返ってこない危険（リスク）が高いことを示す

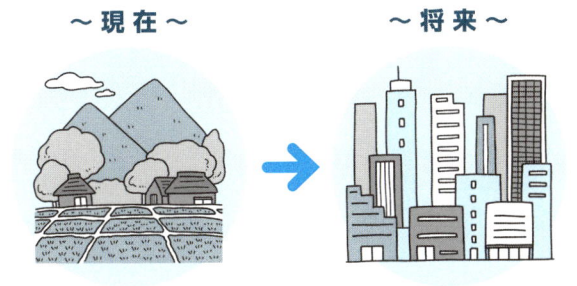

～現在～　　　　　　～将来～

変化が大きい

つまり、金利が低すぎでも高すぎでもない
社会が最も好ましい社会といえます。

Q&A

Q　金利が低いってどういうことですか？

A　「金利は時間の経過とともに生じる変化の大きさを反映する値段である」という考え方からすると、金利が低い状態とは、本質的に、「時間が経過しても、変化が極めて少ない経済や社会の状態である」ということを意味しています。

ペナルティとしての金利

POINT
- ●金利の誕生は古代文明までさかのぼる
- ●罰の側面を持つリスクプレミアム
- ●延滞利息というペナルティとしての金利

▶ 歴史的に金利は「罰」からはじまった

　金利の起源、世界最古の金利に相当するものは、古代メソポタミアにあったといわれています。「目には目を、歯には歯を」で有名なハンムラビ法典には、金利にあたるものが取引されていたという記録が残っており、穀物を貸し借りした際の金利にあたるものの決め方についての記述があったとされています。

　ハンムラビ法典が定める金利の上限は年33.3％だったとされ、また、貸したものや金利が払えなかった場合には、「はたらいて返せ」といった規定もありました。古代の金利は、貸し借りに際してのペナルティ・罰の色彩を強く持っていたことがうかがえます。

　現代の金利にも、ペナルティとしての性格は残っているといえます。P34～37で解説した**リスクプレミアムは、借り手の支払い・返済能力が低いほど高くなる**性質を持っていました。返せなくなる可能性が高い分、金利を高くして取り戻すという意味を持つものとして説明しましたが、返せない心配があるなら金利を高くして借りにくくしてしまうという意味で捉えると、一種の**ペナルティとしての性格がある**とも考えられます。

▶ 延滞利息という制度

　ペナルティそのものにあたる金利も存在します。**それは「延滞利息」という制度です。**支払いが遅れた場合に、ペナルティとして払うべき金利を「遅延損害金」の料率として、**契約であらかじめ決めるケースと、契約で決めなくても自動的に決まる金利（利率）**があります。前者は、年14.6％とされるケースが多く、これは国税通則法に基づき税金を滞納した際の延滞利率と同じ率にしているからだといわれます。一方、契約で決めていない場合、自動的に民法が定める法定利率に従い年3％となります。年14.6％の方が明らかに高いですが、契約で合意した以上はそちらが適用されることになります。

MEMO 法定利率は2020年4月1日の改正民法施行までは年5％であったが、低金利の実態に近づけて年3％となった。ほぼゼロ金利の実態よりまだ高い点でペナルティとしての効果を持つ。

金利とペナルティ

● 金利のペナルティ効果のメリット・デメリット

メリット

- 貸し手にとって、お金が返ってこなくなる危険に対する見返りとなる
- 返済能力が低い借り手が、野放図（ほうず）に借りることを牽制できる

デメリット

- ペナルティが大きすぎると、貸し借りが成立しなくなる
- 借り手のチャンスの芽を摘んでしまう

メリット・デメリットのバランスが取れてはじめて、適正な金利での貸し借りが成立します。

● 遅延損害金の考え方

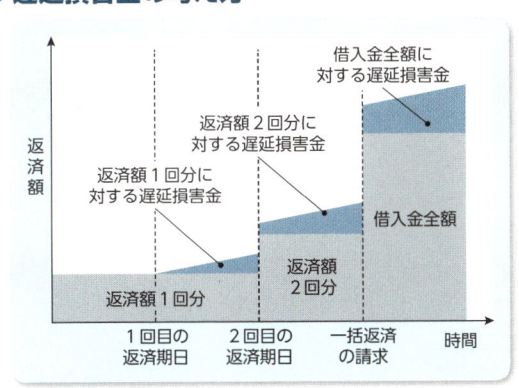

返済額

借入金全額に対する遅延損害金

返済額2回分に対する遅延損害金

返済額1回分に対する遅延損害金

借入金全額

返済額1回分

返済額2回分

1回目の返済期日　2回目の返済期日　一括返済の請求　時間

分割返済する際の遅延損害金は、その時点で支払うべき（かつ未納の）返済額に対して発生するのね。

Check

金利にペナルティ効果が伴うことは、ある意味自然なことではありますが、それが行き過ぎるのは問題です。少しでも返済能力に疑問がある人や企業がお金を借りるチャンスを大幅に狭めることになり、経済活動を過度に委縮・縮小させる恐れがあるためです。一般には経済の状況が悪くなるほどリスクプレミアムが拡大する傾向があるため、より多くの人がお金を借りる機会を失い、さらに経済が悪くなるという悪循環が起きやすくなります。

金利には情報が多く含まれる

POINT
- 金利にはさまざまな情報が含まれている
- 持っている情報に格差があると金利は決まらない
- 情報収集力の高い者が金利ビジネスにおいて有利

▶ 金利は情報の宝庫

　PART1で説明したことをまとめて考えると、お金の値段を示している**金利には実にさまざまな情報が含まれている**ことがわかります。実質金利には、経済の状態の良し悪しが反映されています。予想インフレの部分には、将来の物価の状態（＝インフレ）の予想が含まれています。そして、リスクプレミアムの部分には、お金の借り手がどのくらい信用できるか、お金を返す力を持っているかといった情報が含まれます。

　しかし、ときとして持っている情報、正しいと思っている情報は人によって違うことがあります。このように情報に格差があるとき、金利が決まらない、すなわちお金に値段がつけられない状態が起きてしまい、**お金の流れを滞らせてしまう問題**が起きます。

　例えば、お金の貸し手は経済の状態が非常に良くなると信じている場合、高い金利でしか貸さないと主張するはずです。このとき、借り手の方は、経済の状態が悪くなるから金利が下がると思っていた場合、貸し手が提示する金利ではお金を借りようとしないはずです。この状態では金利をひとつに決められず、お金の貸し借りは不成立となります。

▶ 情報格差を埋められる者が金利で稼げる

　このような**情報格差をうまく埋めることで、お金の貸し借りを成立させ、ビジネス（商売）につなげることができます**。例えば、誰からも信用されず、返済能力がないと思われている人のことを徹底的に調べ上げ、実はある程度お金を返せる人だという情報を手に入れたとします。ほかの誰もが非常に高い金利でしか貸さないといっている中、借り手の希望に近い金利で独占的にお金を貸し、しかも、その金利なら十分返せることがわかっているため、このやりとりから発生する利益は、**情報を手に入れた者だけが独占的に得られる**ことになります。

MEMO 借り手と貸し手の持っている情報が異なることを、本文では「情報格差」と記載したが、経済学・金融論の専門用語では「情報の非対称性」と呼ぶ。

情報の格差に影響される金利

● 情報格差の存在と金利

貸し手が持っている情報

- 経済は今後良くなる
- 物価（インフレ）は今後上がる
- あの借り手は信用できない

➡ 高い金利で貸せるはず

借り手が持っている情報

- 経済は今後悪くなる
- 物価（インフレ）は今後下がる
- 借金を十分に返済する力がある

➡ 低い金利で借りられるはず

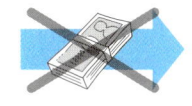

借り手と貸し手の持っている情報が異なると、金利がひとつに決まらず、貸し借りが成立しません。

● 情報格差を利用する

支払能力がないとされている人を徹底的に調査し、実際は支払能力があるという情報を手に入れた場合、貸し手は独占的に貸し出しをおこない、金利を得ることができる

NO **NO** **NO**

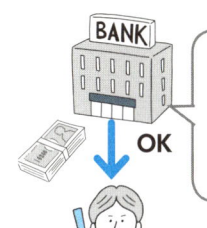

BANK

OK

実は支払能力がある人だったから、ウチは低い金利で貸してあげるよ！

Check

情報格差が大きい社会であるほど、お金の貸し借りを通じて生まれるさまざまなチャンスが少なくなります。なぜなら、借り手への不信感から極めて高い金利でお金の貸し借りがおこなわれるためです。この点から、詐欺や偽装などの犯罪が少ない社会ほど、金利の低い安定した経済が実現する傾向があります。

金利に含まれる情報を活用する銀行

POINT
- ●情報格差を利用した事業モデルを持つ銀行
- ●銀行は情報力を利用して預金の支払いを保証する
- ●銀行は金利に含まれる情報を利益に変えている

▶ 情報格差を埋め金利で稼ぐ銀行

　情報格差を利用して金利を主な利益の源とする事業モデルを持っているのが銀行です。銀行には一般人が持たない、借り手の返済能力を判断できる情報が備わっています。**このことを「審査能力」と呼び、大多数の銀行には借り手の返済能力を調査し情報として蓄積している「審査部」という組織があります。**

　この情報力だけでも、誰もが貸したがらない相手に独占的に貸出して金利の収入を独占できるのですが、銀行の情報力は銀行自身がお金を得るうえでも使われています。借り手の安全度を適切に判断できる能力を利用して、銀行にお金を貸した相手に対し、**元本と利子の返済を保証することで非常に低い金利でお金を借りる**というものです。銀行にお金を貸す相手とは、私たち一般の預金者のことです。

　このようにして少額の預金を多数の預金者から預かることには、もうひとつ利点があります。一人ひとりの預金者が短時間で預金の出し入れを繰り返したとしても、預金者が多数いれば、銀行には大きな金額のお金が常に残っていることになり、預金を預かる期間よりもはるかに長い期間お金を貸し続けることができます。そしてその結果、**期間についての（リスク）プレミアムの分も銀行の利益として取り入れることができます。**

▶ 情報力を利用したリスク遮断が利益の源泉

　突き詰めると、銀行は一般の個人との情報格差を利用し、自らリスクの防波堤となることによって、**借り手から受け取る比較的高い金利と、預金者に払う低い金利の差を利益として取り込む**ことができるのです。銀行は製造業などと違って、私たちの目にみえる商品を作ったり販売したりしていないため、何が利益になっているのかがわかりにくいですが、**金利に含まれる情報を利益に変えている**と考えることができます。

MEMO 銀行の情報力をもってしても、預金を返すことができなくなる恐れに備えるしくみが「預金保険」。現在、日本では1人1,000万円の預金元本とその利息まで預金保険で支払いが保証されている。

銀行のビジネスモデル

預金者

> 信頼性と情報力のある銀行は、長期間お金を貸す役割を担うことで、お金を失うリスクに対する防波堤になっています。

銀　行　　　　　　　　借入者

- 預ける期間が短い
- 預金者がお金を失うリスクが低い
- 借り手（銀行）の信頼性が高い

- 貸し出し期間が比較的長い
- 銀行がお金を失うリスクがある
- 借り手の情報を手に入れやすい

この差が
銀行の利益

比較的低い金利　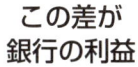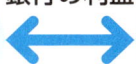　比較的高い金利

銀行の情報力に欠陥が発生し、借り手の返済能力を見誤った結果、返済が滞ったり不履行になったりするもの、あるいはその恐れが発生したものを「不良債権」と呼んでいます。1990年代の日本では、不良債権があまりに巨額になりすぎたことから、銀行が預金を返せなくなる恐れが生じ、金融不安が発生しました。銀行の情報力は一般の個人よりははるかに優れたものですが、必ずしも完全無欠ではないことを示してしまったといえます。

金利が割り引かれる「グリーニアム」

PART1で説明した「リスクプレミアム」。お金が返ってこなくなるさまざまな危険に対する見返りとして、金利に「おまけ」をつける役割を持っていました。こうした性質から、リスクプレミアムは基本的にプラスの値となります。ところが近年、マイナスの値となる（リスク）プレミアムが注目されはじめています。

「グリーニアム」と呼ばれるものがそのひとつです。グリーニアムは「グリーン」と「プレミアム」を合成した造語です。集中豪雨災害など、地球温暖化の悪影響ではないかといわれる激しい気候変動に対する懸念が強まる中で、地球温暖化の原因となる二酸化炭素など地球温暖化ガスの排出を抑えようという機運が高まっています。温暖化ガス排出を抑えるための「脱炭素化」を実現するには、自動車をEV（電気自動車）化するなどだけでなく、工場からの排出をなくす設備の導入などにも莫大なお金がかかります。

これら脱炭素化に向けた事業や投資をおこなうときのお金を得るために取引される貸し出し、さらには次のPART 2で解説する債券（借用証書のようなもの）を発行した資金調達の際、お金が「良いことに使われる」ことを反映して金利が割り引かれることがあります。

グリーニアムは、脱炭素化を実現するためのお金の貸し借りの際、金利が安くなった部分（割り合い）のことを意味します。リスクプレミアムが一般的に、金利が割り増しになるのに対し、金利が割り引きになる点で、「マイナスのリスクプレミアム」と位置付けられます。

しかし、単に良いことに使われるお金だから金利が安くなるというのは不思議でもあります。グリーニアムがマイナスのリスクプレミアムになる理屈は、PART1で説明した金利の基本原理に沿って説明することも可能です。

地球温暖化対策が活発になるにつれ、企業や銀行が脱炭素化に向けた取り組みを強化することは政治的、社会的に求められるだけでなく、企業や銀行の経済的な価値をも左右する指標となってきています。具体的には、脱炭素化に向けた取り組みに力を入れ成果を出した企業の株が上がりやすくなるといった動きが挙げられます。

脱炭素化に向けた取り組みには、そうした活動にお金を提供することも含まれるため、地球温暖化対策に関連したお金の提供（貸し出しや債券の購入）も活発化しやすくなります。すると、ほかの目的でのお金の提供に比べ、地球温暖化に関連した部分にはお金が集まりやすくなります。

こうして生まれるのがグリーニアムです。グリーニアムも、お金が集まりやすく余っているところで金利が下がりやすくなるという、金利の基本原理に沿って発生していると考えることができるのです。

PART 2

金融市場を行き交う金利

金利はお金の値段ですが、実際にそれを決めているのは誰なのでしょうか？　銀行が担う役割やさまざまな金融市場について学び、金利が決まるしくみを理解しましょう。

金利を決めているのは銀行？

POINT
- 金利を決めるのは銀行
- 銀行の基本機能は預金を元手にお金を貸すこと
- 金利は最終的にはお金の過不足に影響される

▶ 銀行の「店頭表示金利」「店頭基準金利」

今の時代、ATM（現金自動預払機）が主要な駅の通路やコンビニに設置され、スマートフォンでも銀行に関するさまざま手続きや取引が可能になり、銀行の窓口に直接出向く機会は極めて少なくなっています。

銀行の本店や支店と私たちの関わりは薄くなっている昨今ですが、それでもお金を預けたり住宅ローンを組んだりと、銀行と関わる機会は少なからずあります。このように**預金をしたり、住宅ローンを貸し出すときにつける金利を「店頭表示金利」や「店頭基準金利」と呼びます**。これは私たちが、金利がいくらであるかを知る機会が銀行の本店や支店の店先に掲示されたポスターなどに限られていた時代の名残ですが、これら**店頭表示金利や店頭基準金利を決めているのは銀行**です。こうした点から「金利はお金が余っているか・足らないかによって決まる」というしくみは間違っているのではないかという印象を受ける場合もあります。

▶ 銀行が金利を決める基準は？

銀行が店頭表示金利または店頭基準金利をどのような基準で決めるのか考える場合、銀行の基本的な役割・機能を理解する必要があります。

銀行は、預かった預金を元手に、お金を貸し出すビジネスです。すなわち一般的な企業に置き換えると、**預金を預かることは「仕入れ」に、貸し出すことは「モノやサービスを売ること」**に相当するといえます。つまり、銀行が金利を決めるということは、預金金利であれば仕入れ値を決めることに、貸出（ローン）金利であれば売値を決めることにあたります。

銀行が仕入れて売っているのはいずれもお金です。この点で、**仕入れ値である預金金利はお金の手に入りやすさに、売値であるローン金利はお金を借りようとする人や企業の多さに影響を受ける**ことがわかります。

⬤ 用語 　**基準金利**：銀行の店頭金利はあくまで「基準」にすぎない。実際の金利、特にローン金利は顧客により優遇（割引）があったり、プレミアムが上乗せされたりして上下する。

銀行の基本的な機能と金利の決め方

● 銀行の基本的なビジネス

銀行の基本的な機能は、預金を預かることでお金を仕入れ、そのお金に利息をつけて貸し出すこと

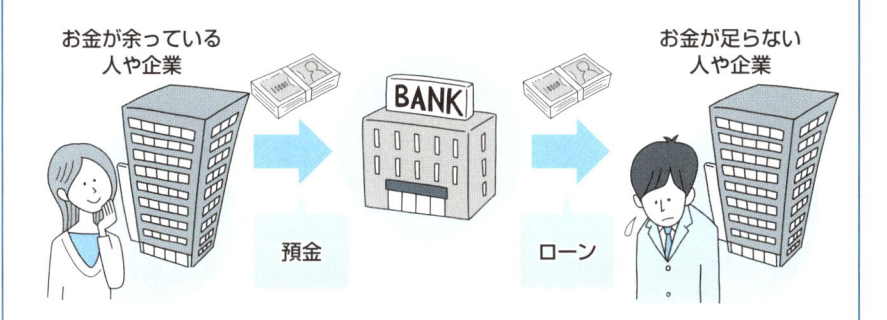

お金が余っている人や企業　　BANK　　お金が足らない人や企業

預金　　ローン

● 銀行が店頭金利を決める基準

銀行は金利を決めるときに、お金が手に入りやすいか、お金を借りようとする人が多いかを基準として判断する

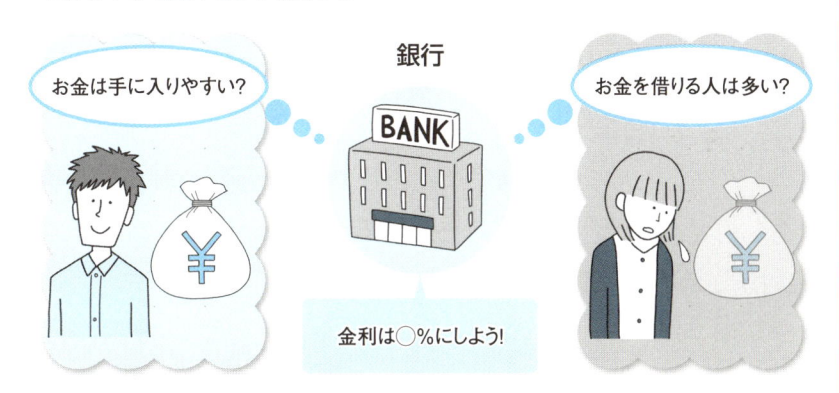

銀行

お金は手に入りやすい?　　お金を借りる人は多い?

金利は○%にしよう!

Q&A

Q　金利はお金が余っているか・足らないかで決まるのではないのですか?

A　金利は銀行が決めています。ただし、金利を決める際の判断材料として、預金であればお金の手に入りやすさ、ローンであれば、お金を借りようとする人や企業の多さを参考にしています。この点で、お金の過不足が金利を動かす、という基本原理と矛盾しているわけではありません。

銀行が金利を決める基準

POINT
- お金の売買がされる場所を「金融市場」と呼ぶ
- 金融市場におけるお金の売買で決まった値段が「金利」
- 銀行は金融市場の動向をみて店頭金利を決める

▶ 銀行がお金の過不足を知る手段

　預金やローン金利を決める基準としている「お金の手に入りやすさ」「お金を借りようとする人や企業の多さ」を銀行が知る手段について考える際にポイントになるのが、**「銀行には預金以外にもお金の仕入れ先があり、ローン以外にもお金の売り先がある」**という点です。

　まず、**預金以外でお金の仕入れ先になるのは「お金が余っている銀行」**です。お金が余っている銀行は「お金が足りない」、つまり「預金だけでは仕入れるお金が足りない銀行」にお金を貸し出しています。言い換えると**ローン以外のお金の売り先のひとつが、お金が足りない銀行**です。

　このほかにも、ローンとしてお金を貸す以外の方法で、銀行が金利を稼ぐことができる場が存在しており、その場を、野菜や果物の売り買いがされる「市場（いちば）」と同じ漢字を使って「市場（しじょう）」と呼びます。**お金のやりとりに関する市場であるため「金融市場」とも呼ばれます。**

▶ 金利が生まれる「市場」

　金融市場では、野菜や果物の「いちば」と同じように、市場の参加者どうしのお金の売り買いを通じて「値段」が決まり、それが目にみえる形で市場の参加者だけでなく、広く一般にも公開されます。

　金融市場におけるお金のやりとりで決まった値段が「金利」であり、その金利は、金融市場における「お金の余り具合・足らなさ具合」を忠実に反映します。したがって、金融市場に常に参加している銀行は、「預金の仕入れやすさ」や「ローンを借りたがっている人の多さ」を、**金融市場での金利の決まり方や動きから察知して参考にする**ことで、店頭での預金やローン金利を決めることができるのです。

　用語 「しじょう」と「いちば」：お金のやりとりの場を指すときは、「いちば」とは呼ばないが、モノのやりとりを通じて値段が決まるという点で、市場の機能は同じ。

金融市場で金利は生まれる

お金のやりとりをおこなう場である金融市場では、お金が余っている銀行が、お金が足りない銀行へ貸し出す場となっており、そのやりとりを通じて金利が決まる

お金が余っている
銀行

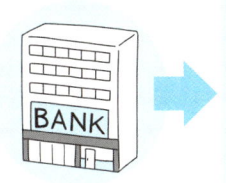

金融市場

銀行はこの市場を通じてお金に関する売買をおこなう

お金が足りない
銀行

預金をする人が多く、ローンを借りに来る人が少ないので、お金が余ったから、金融市場でお金を売ろう！

預金をしてくれる人が少なく、ローンを借りに来る人が多いので、お金が足らなくなったから、金融市場でお金を買おう…

このように、金融市場にはお金が余っている銀行が売り手、足りない銀行が買い手となって、お金を売買します。そのときに金融市場は、お金の市場としての機能を持つため、お金の過不足の度合いでお金の値段が決まり、それが金利となります。

Check

銀行は自ら金融市場に参加してお金のやりとりをすることにより、身をもって、お金の余り具合・足らなさ具合を捉えるので、その点で金融市場は預金やローン金利を決める際のものさしとなります。

銀行と市場との関わり

POINT
- 銀行は市場で貸し手にも借り手にもなる
- お金の出入りにより銀行間でお金の過不足の差が出る
- 銀行間のお金の過不足のデコボコをならすのが市場

▶ 市場では同じ銀行がお金の貸し手にも借り手にもなる

　金融市場とその役割、銀行との関わりをより詳しく解説します。市場の役割は「預金だけでは仕入れるお金が足りない銀行」がお金を借り、「ローンを貸し出しても、お金が余っている銀行」がお金を貸す場と説明しました。ややこしいのは、**同じ銀行が貸す側になったり、借りる側になったりと立場が常に変化することがある**という点です。同じ銀行が市場で貸す側と借りる側の両方になる可能性を持っている理由は、預金とローンが持つ2つの性質の違いにあります。

　1つ目は、「金額の大きさ」です。一般的に、預金の方が出し入れされる金額が小さく、ローンの方が借りる金額が大きいという傾向があります。**2つ目は、「期間の違い」**です。預金の方が出し入れされる期間が短く、ローンの方が返済までの期間が長くなりがちです。例として、普通預金はいつでも出し入れ自由なのに対し、住宅ローンには「30年ローン」などという期間が設けられているモノがあります。ローンはたとえ1件でも貸し出されると、まとまったお金が出ていってしまう一方、1件でも返済があると、同額のローンの貸し出しがない限り、返ってきたお金には行き場がなく、余った状態になります。また、ローンを貸した時点では十分な預金を預かっていても、引き出しまでの期間が短いので、あとでお金が足らなくなることは起きますし、お金が足らない状態にある銀行でも、一時的にまとまった預金が預けられるとその瞬間はお金が余った状態になる可能性があります。

▶ お金の出入りのデコボコをならすのが市場

　このように常に銀行ではお金が出入りしているため、銀行間におけるお金の過不足に差が生まれます。この**「差をならす役目」を担っているのが市場**であり、そのため銀行は市場においてお金を貸す側にも借りる側にもなります。加えて市場は銀行が金利を決める目安にもなっているため、その役目は大変重要です。

⚫用語　資金過不足：金融市場は銀行のお金のデコボコをならすと同時に、世の中全体としてのお金の余り具合を反映している。全体としてのお金の余り具合を「資金過不足」と呼ぶ。

銀行が持つ貸し手として・借り手としての両面性

お金を仕入れて貸すことが基本機能である銀行だが、そのときによってお金の過不足の状況は変わる。そのため、銀行はお金の貸し手にも借り手にもなる両面性を持つ

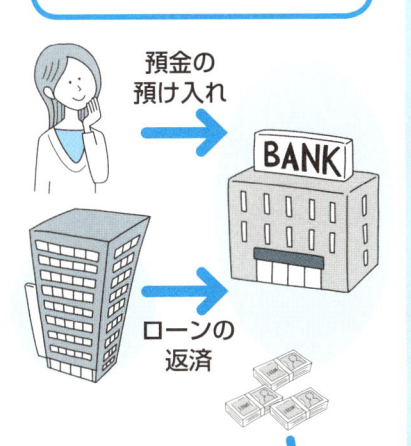

お金が余っている銀行

預金の預け入れ

BANK

ローンの返済

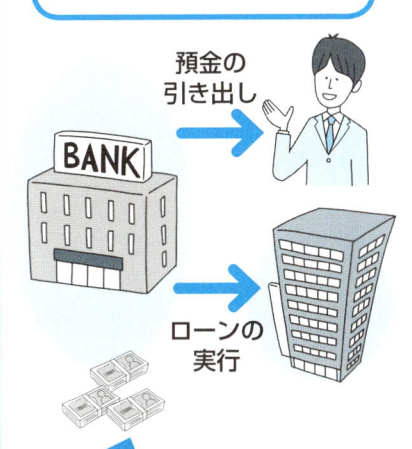

お金が不足している銀行

預金の引き出し

BANK

ローンの実行

お金を貸す → 金融市場 ← お金を借りる

このように、それぞれの銀行によってお金の過不足状況は異なります。その過不足のバランスを整えることが金融市場の役割です。

Check

銀行のお金の出入りに大きなデコボコが生まれるもうひとつ重要な理由として、「国とのお金のやりとり」があります。国民が一斉に税金を納める日には、銀行から国へ大量の預金が振り込まれ、お金が足らなくなりがちです。一方、年金の支払日には、国から銀行へ大量のお金が振り込まれ、銀行の預金が余りがちになるといわれています。

ローンと競合する市場

POINT
- お金の過不足の調整とは違う役割の市場がある
- この市場は大企業にお金を貸す役割を持つ
- 銀行が金利を決める参考になる点は同じ

▶ お金のデコボコをならすのとは違うタイプの市場

　金利に関連する市場には、「銀行のお金の出入りのデコボコをならす」とは違った役割を持つ債券市場という市場があります。ここでは、銀行がお金を借りるということはあまりなく、**お金の借り手が、銀行からのローンとは別の手段としてお金を借りることができる**というのが特徴です。

　このタイプの市場は誰でもお金が借りられるわけではなく、**大企業がお金を手に入れる場合に限られます**。また、お金を借りるときに、一種の借用証書である「債券」（P66）を発行し、他者に買い取ってもらうという形式をとるのも特徴です。債券を買い取ってもらうのは、個人でも企業でも、そして銀行でもかまいません。

▶ 銀行はこの市場の金利も参考にする

　以上のように、債券市場はローンとは違う形でお金を借りる手段を提供する市場ですが、**お金を手に入れる際に金利が必要になるという点は同じ**です。そして、銀行は債券市場での金利も参考にしてローン金利を決める必要があります。

　というのも、この市場を利用できる大企業は、銀行にとっても売り先なので、市場がローンと競合することになるからです。もし、銀行がこの市場からお金を手に入れる場合より高い金利で貸そうとすれば、企業に逃げられてしまう恐れがあります。それを避けるためには、**銀行が市場での金利を参考に、借り手からみて有利・不利が起きないようローン金利を決める**必要があります。

　「銀行が借りる側にまわることがあまりない」という点では、少し異なる役割を持つ市場ですが、市場でのお金のやりとりで金利が決まることやその金利は世の中のお金の余り具合を反映して動いていること、さらに市場での金利の動きが銀行のローン金利を決める参考になるという点で同じはたらきをしているといえます。

○用語　**債券**：国や企業などがお金を借りる際に発行する借用証書のひとつ。市場においては、この債券が売買されることもあり、それによりお金の貸し手が変わるのが特徴。

お金を借りる手段としての市場

金融市場には、銀行間の過不足のバランスを整える市場以外に、お金の借り先として機能する債券市場がある。この市場と銀行の顧客は同じなので、競合する関係になる

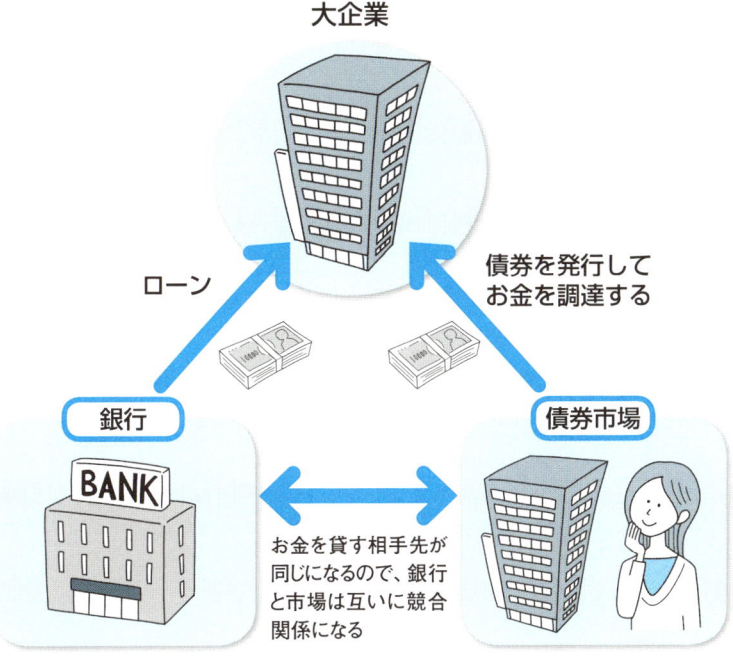

大企業

ローン

債券を発行して
お金を調達する

銀行

債券市場

BANK

お金を貸す相手先が
同じになるので、銀行
と市場は互いに競合
関係になる

お金を借りる大企業は、債券市場から借りた方が得か銀行から借りた方が得かを判断します。したがって、銀行は債券市場の金利を参考にする必要が出てきます。

Q&A

Q なぜ銀行のローンとは別のお金を借りる手段が必要なのでしょうか?

A 銀行だけでなく債券市場からお金を借りる手段があることで、ひとつの銀行では貸せないような大きな金額でも、多くの人が集まって貸すことができたり、それにより、銀行だけでは監視しきれない企業の「信用」、つまり「お金を返す能力」の変化も察知できたりするためです。借りる側の企業にとっても、お金を借りる選択肢が複数用意されることは事業の幅を広げるうえで重要だといえます。

金利に関わる市場の分類

POINT
- 金利に関連する市場は2つに分類できる
- 銀行が日常的に参加する市場は「銀行間市場」と呼ぶ
- 分類したどちらの市場も銀行の金利の決定に影響する

金利に関連する市場を分類する

　ここまでに紹介した、金利に関連する市場についてあらためて整理すると、**市場は大きく2つのタイプに分類できる**といえます。この分類の基準となるのは、銀行の市場への関わりの度合い、特に、銀行が預金に代わるお金の入手手段として市場に関わっているかどうかの違いです。

　銀行が預金に代わるお金の入手手段として活用している市場は、銀行が日常的に参加している一方で、ローンの代わりとなる市場への銀行の関わりは強くありません。**前者を総称して「銀行間市場」と呼びます**。銀行間市場は、まさに銀行がメインプレーヤーであり、逆にそれ以外の参加者があまり関わってこないという特徴があります。

いずれも銀行による金利の決定に重要な役割

　「銀行が預金に代わってお金を入手する場」として機能する**銀行間市場で決まった金利は、預金金利の決定に強い影響を持ちます**。また、「ローン金利の決定」にも影響を与えますが、銀行間市場の金利は短期（1年以内）の金利であるため、主に変動金利（P74）に反映されます。

　これに対し、もうひとつの市場である、ローンの代わりとなる**債券市場の金利は、主にローンの固定金利の決定に影響します**。とりわけ、預金に比べて大幅に期間の長いローン金利については、その傾向が強く現れます。

　現在、国内での金融機関のローンの満期は、平均2〜3年程度で、また変動金利ローンの比率が高いといわれています。それを踏まえると、現状の国内においては債券市場よりも銀行間市場の方がローンの金利に対する影響力が大きいといえます。

　MEMO　銀行間市場は、預金だけでは足りないお金を借りる場であり、ローンで貸し切れず余ったお金を貸す場である。そのため、ここでの貸し借りは比較的短い期間でおこなわれることが多くなる。

市場と銀行の関係と金利決定への影響

銀行間市場

銀行などの金融機関だけが参加できる市場。お金の過不足度合いに基づいて、お金を貸し借りする

お金が不足している銀行 　　　お金が余っている銀行

主に「預金金利」と「ローンの変動金利」の決定に影響

お金を貸す　　　　　　　　　　　　　　　　お金を借りる

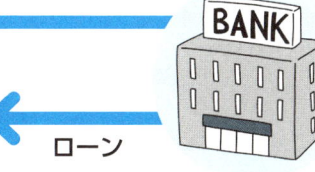

ローン　　　　　　　　　　　　　　　　　　預金

債券を発行してお金を調達する

主に「ローンの固定金利」の決定に影響

債券市場

銀行などの金融機関だけでなく、個人や企業などもお金の貸し手として参加できる市場。借り手である大企業は債券を発行し、買い取ってもらうことでお金を得る

お金が余っている個人・企業など

銀行間市場は短期金融市場の一種

POINT
- 銀行間市場は短期金融市場に分類される
- 銀行間市場の対義語はオープン市場
- 市場での実際の取引が金利の基準を形成する

◤ 銀行間市場で交わされる取引は基本的に短期間

　ここまでで説明した通り、銀行の預金やローンの出入りによって生じるお金のデコボコをならす市場のうち、預金だけでは足らないお金を借り、ローンを貸しても余っているお金を一時的に貸す場として、主に銀行などの金融機関のみによる貸し借りがおこなわれている市場を「銀行間市場」と呼びます。

　お金の一時的なデコボコをならすという役割からして、**銀行間市場での取引は基本的に短い期間（原則1年以下）であり、銀行間市場は短期金融市場の一種です。**短期金融市場には、このほか、銀行以外も参加する「オープン市場」（P64）もあります。

　銀行間市場での貸し借りを通じて決まる金利は、ローンをはじめとする、さまざまな短期の金利の基準となる極めて重要なものです。

◤ 市場で取引された金利がローン金利の基準となる

　これまで、基準となる銀行間市場の金利は、～IBOR（Interbank Offered Rate：銀行間取引金利）と呼ばれるものが主流でした。～には地名や通貨の頭文字が入り、東京ならTIBOR（タイボー）、ロンドンならLIBOR（ライボー）と呼ばれます。「基準になる」というのは具体的には、ローン金利が「TIBOR＋～ベーシス（ベーシスは0.01％にあたる単位）」などと示されることを意味します。

　しかし、～IBORは銀行間市場でお金を貸している銀行が提示した言い値での金利であり、以前、LIBORの決定において一部の銀行が意図的に高い金利を提示するという不正がおこなわれました。このため、現在においては**市場で現実におこなわれた取引金利を基準とする**方式への改革が進んでいます。東京市場の場合、**TONA（Tokyo OverNight Average rate）無担保コール翌日物金利を指標**として計算された1カ月、3カ月、6カ月などの金利を基準金利とする方式に改められています。

⊙用語　無担保コール翌日物金利：銀行間市場での取引の中心となる無担保コール翌日物の金利。無担保でお金を借り、翌日に返済する取引で発生する金利を指す。

金融市場の分類

```
            金融市場
      ┌────────┴────────┐
  短期金融市場          長期金融市場（資本市場）
  返済期間が1年未満       返済期間が1年以上
   ┌────┴────┐              │
 銀行間市場  オープン市場    債券市場
```

短期金融市場

返済期間が1年未満

長期金融市場（資本市場）

返済期間が1年以上

銀行間市場

銀行がお金の過不足を調整するために参加する市場

オープン市場

一般企業も参加することができる市場

債券市場

国や大企業が債券を発行して取引をする市場

Check

TONAは「翌日物」金利なので、3カ月、6カ月といった期間の基準として使えません。現実にはTONAをもとに計算されたTORF（Tokyo Term Risk Free Rate：東京ターム物リスク・フリー・レート。「トーフ」と呼ぶ）を基準としています。リスク・フリーとは、PART 1で解説したリスクプレミアムを含まないという意味です。リスクプレミアムを含まない金利を市場取引から決定したうえで、銀行はリスクプレミアムを上乗せした金利を実際の貸し出しなどに適用していると考えられます。

オープン市場には銀行以外も参加

POINT
- オープン市場は銀行以外も参加できる
- 政府や企業は証券を発行してお金を手に入れる
- オープン市場での取引金利はローン金利に影響する

▶ 銀行以外も参加するオープン市場

　短期金融市場のうち**銀行以外も参加して取引がおこなわれる市場のことを**「オープン市場」と呼びます。オープン市場の機能は、政府や企業が借用証書にあたる証券を発行し、それを買い取ってもらうことでお金を借りたことと同じように、お金を一時的に手に入れることができるというものです。

　企業が発行する短期の借用証書を「コマーシャルペーパー（CP）」と呼びます。CPを発行して市場からお金を手に入れることができるのは、基本的に信用力の高い大企業に限られています。

　政府が発行する短期の借用証書を「国庫短期証券」または「政府短期証券」といいます。英語でTreasury Bill（トレジャリービル）と呼ばれ、TBやT-Billといった略号で表されることもあります。国庫短期証券は、お金を借りる期間の金利に相当する分だけ発行時には安い金額で発行され、返済時には満額で返済されるという割引方式で発行されるのが特徴です。なお、**この借用証書の満期が来てお金が返ってくることを、金融用語では「償還」といいます。**国庫短期証券は債券の一種でもあり、割引方式で発行される債券のため「割引債」とも呼ばれます。

▶ オープン市場はローン金利に間接的に影響を与える

　オープン市場での取引で決まる金利は、銀行間市場の金利のように「金利＋何％（またはベーシス）」という形で、直接的にローン金利に決定的な影響を与えるわけではありません。

　しかし、例えば、CPで発行してお金を手に入れた方が有利だと判断した企業が、銀行からのローンでの借り入れを断ることで銀行のお金が余ってしまうという形で、お金の過不足に影響し、**間接的に銀行のローン金利に影響を与える**ことがあります。

⊙**用語** **オープン市場**：銀行などのほかに企業や公的機関、外国企業なども参加できる市場。取引所は実在せず、電話などを使って取引をおこなう。

オープン市場に分類される代表的な市場

CP市場	企業が発行する借用証書であるコマーシャルペーパー（CP）を売買してお金を調達する市場
国庫短期証券市場	政府が発行する借用証書である国庫短期証券（政府短期証券）を売買してお金を手に入れる市場
CD市場	CD（Certificate of Depositの略。譲渡性預金証書のこと）を売買してお金のやりとりをする市場。CDとは、満期になる前に第三者に自由に譲渡できるという定期預金のことで、オープン市場の代表的な商品でもある
債券現先市場（げんさき）	決めた値段で将来買い戻す約束で債券を売り、お金を手に入れることができる市場。債券を担保にしてお金を借りる取引がおこなわれる
債券レポ市場	現金を担保に債券を貸し借りする「レポ」と呼ばれる取引がおこなわれる市場

Check

オープン市場では一般の企業や政府などがお金を手に入れる、または貸すために参加するため、銀行の存在感は銀行間市場に比べて薄くなります。しかし、企業や政府にまとまったお金を提供できる銀行以外の企業が少ないのも事実であり、「貸し手」としては依然として銀行も一定の存在感を持ちます。

債券という借用証書

POINT
- 債券という借用証書を扱う市場を債券市場と呼ぶ
- 債券は人気に応じて値段が変動し、金利を変化させる
- 利率は債券発行時、利回りは途中の期間の金利

■ 債券とはローンの代わりとなる借用証書

ローンの代わりにお金を借りる市場においては、借用証書に類する証券を発行し買い取ってもらう形式をとります。**これを「債券」といい、その市場を「債券市場」と呼びます。** 一般に債券を発行してお金を借りることができるのは信用力の高い国や大企業などに限られます。

債券市場では債券が売買されており、その**債券の人気度に応じて値段が上下します。** 返済期限（満期）が来たときに、債券を持っていると返ってくる金額を「額面」といい、一般に額面は100円です。満期から1年前に、何らかの理由で市場での債券の値段が80円だったとします。この債券を満期まで持っていてきちんと返済された場合、100円が手に入りますので、元手80円に対し1年間で20円分（20円÷80円＝25％）の金利がついたことと同じことになります。**債券の売買から得られる利益の率のことを「利回り」と呼びます。**

■ 金利と混同しやすい「利率」と「利回り」

もしも満期1年前の債券の値段が110円であった場合、満期まで持っていると利益は、マイナス10円の損失になってしまいます。それも全くあり得ないことではないのですが、債券には一般に、額面に対し1年あたり〜％分の定期払い（「クーポン」または、その額面に対する比率を「利率」と呼ぶ）がおこなわれるという約束がついており、利回りはこの分も加味して計算されます。

「利率」「利回り」と金利は紛らわしいものですが、一般的に、**利率は債券を最初に発行したときの金利、利回りは満期までの途中の期間の金利**に近いものになり、そのときどきの金利の上下が、債券の値段を上下させる要因のひとつになっています。年に一定のクーポンがもらえ、満期に100円で返ってくる債券は、値段が低い方が利回りは高くなります。そのため、**金利が高くなると債券の値段は下がり、金利が低くなると債券の値段は上がります。**

用語 利札（りふだ）：クーポンはかつて「利札」と呼ばれていた。債券の証書の下に小さな「札」が添付されており、それを切り取って持ち込むと払ってもらえるしくみであった。

債券の取引に関わる考え方

● 債券取引における額面・利回り・利率

償還時(返済時・満期時)に支払われる金額を「額面」と呼び、「利息による収益」と「償還差損益（投資した金額と額面金額との差額）」との合計がどのくらいの割合になるかを示すのが「利回り」。また、債券を持っているときに定期的に支払われる利息を「クーポン」と呼び、額面に対するクーポンの割合を「利率」という

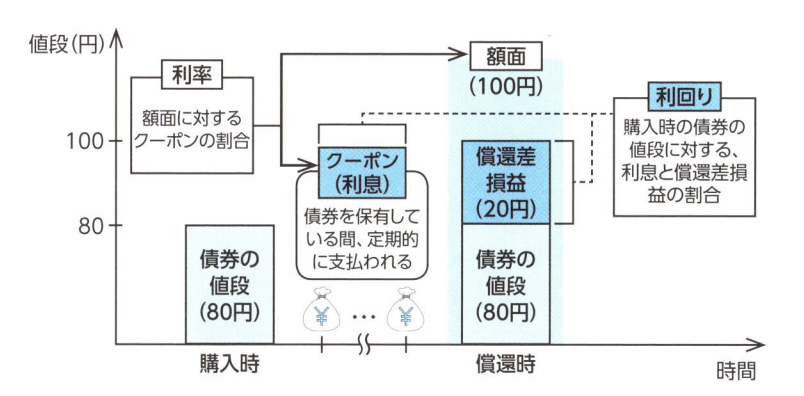

● 利回りの計算方法

債券を満期まで保有した場合の利回りは以下の式で計算される。利回りを計算することで、購入する債券がお得かどうかを比較することができる

$$利回り(\%) = \frac{(額面-購入単価)+保有期間のクーポン合計}{購入単価(時価)} \times 100$$

※満期前に市場で売却する場合は、上の式の「額面」の部分が、「売却時の時価」となる。また厳密には、1年あたりに換算することが必要

クーポンが分数の分子にあるので、クーポンが高いほど利回りが高く、また購入単価が分母にあるので、購入単価が高いほど利回りが低くなるという関係になっています。

Check

金利に相当する債券の利回りを変化させる要因も、金利と同じです。債券を持っているよりもお金が儲かりそうな機会があるとき、物価が大きく上昇しているとき、債券を発行した企業が返済できない不安が出てきたときなどに債券は値下がりし、その時点で債券を買った場合の利回りが上がります。また、そのようなときに債券を発行しようとすると高い利率をつけなければ市場で売れないので、金利に比例して利率も上がることになります。

日本の国債は信用リスクほぼゼロ

POINT

● 国債は国の借用証書として市場で取引される
● 日本の国債は信用リスクがほぼない
● 国債は長期ローンの金利の基準になる

▶ 国債は国の借用証書

　日本の債券市場の中で、流通している量においても取引の活発さにおいても最大の規模を持つのが国債の市場です。2024年3月末時点で、1,105兆円（2023年度予算に基づく概算）の残高に達する国債のうち、日本銀行が600兆円弱を保有していますが、それでも残りほとんどの国債は銀行をはじめとする民間の金融機関が保有し、市場において売買をおこなっています。

　市場において国債が活発に取引されるのは、流通量が多く**売りたいときに買い手が確実に現れる、買いたいときに売り手が確実に現れる**という安心感があるためです。金利が上下したときに値段が上下するという債券としての基本的な性質を利用して、売り買いを通じて利益を得やすい点が好まれています。

▶ 国債は信用リスクゼロの金利として指標になる

　市場での国債の人気を支えるもうひとつの重要な点は、国の借用証書であるがゆえに、返済が滞る恐れがほぼないという安心感です。PART 1での説明に従えば、**信用リスクがほぼゼロであるのが日本の国債の特徴**です。

　信用リスクがほぼゼロである国債の利回りは、そのまま信用リスクがゼロの場合の金利の基準値としても使えます。特に1年以下の期間しか基準となる金利が計算できない銀行間市場と違い、国債には10〜20年といった非常に長い満期のものが多いため、**長期のローン金利の基準として使い勝手が良い**という特徴が生まれます。短期のローン金利が「銀行間市場金利＋〜ベーシス」で表示されるのと同様に、長期のローン金利は「X年満期の国債利回り＋〜ベーシス」と表示するのが一般的です。米国の国債のことをトレジャリー（Treasury NoteまたはBond）と呼ぶことから、金融業界では、その頭文字を取って「T＋〜ベーシス」という言い方をすることもあります。

MEMO 国債を基準にしたローンなどの金利の表示方向として「T＋〜ベーシス」が使われるのに対し、銀行間金利を基準したものには「L（＋〜ベーシス）」が使われる。由来はLIBOR。

国債のしくみとその種類

● 国債のしくみ

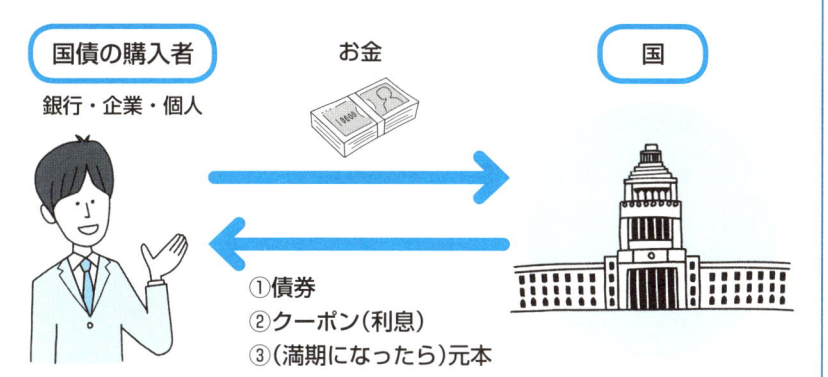

国債の購入者
銀行・企業・個人

お金

国

①債券
②クーポン（利息）
③（満期になったら）元本

● さまざまな期限別の国債がある

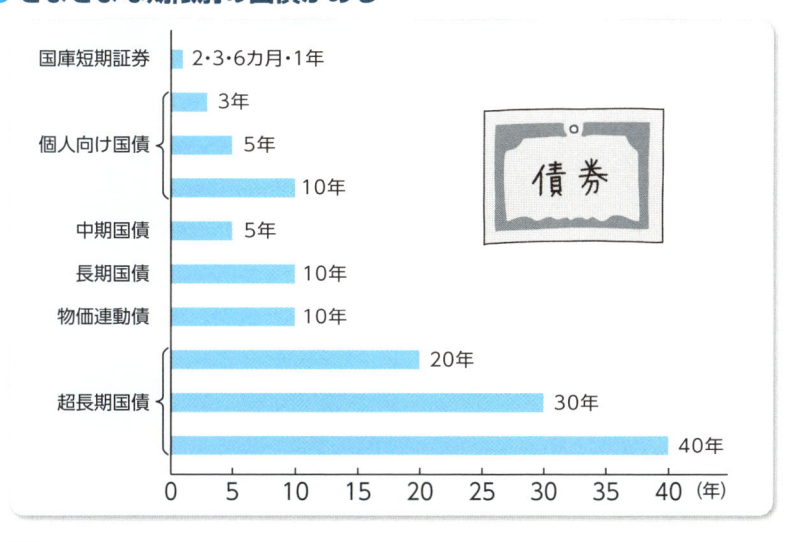

国庫短期証券	2・3・6カ月・1年
個人向け国債	3年 / 5年 / 10年
中期国債	5年
長期国債	10年
物価連動債	10年
超長期国債	20年 / 30年 / 40年

0　5　10　15　20　25　30　35　40　（年）

Check

国債の人気を支えるもうひとつの要素は、担保としての使い勝手にあります。一般の個人にとっては馴染みの薄い使い方ですが、銀行など金融機関がお互いに貸し借りする際、また、日本銀行からお金を借りる際の担保として使った際に、国債の額面に近い金額までお金を借りることができるというメリットがあります。ほかの債券などを担保にした場合には、借りる限度が額面からかなり割り引かれてしまいます。

社債は大企業が発行する借用証書

POINT
- 社債は大企業が市場から借り入れる際の借用証書
- 信用力の違いにより社債は利回りが異なる
- 社債の信用リスクの違いを「格付け」で評価する

▶ 社債を発行することができるのは大企業のみ

　企業が銀行からお金を借りる代わりに市場からお金を手に入れる際、借用証書として発行される債券が「社債」です。社債も債券の一種ですので、発行の際に決められた一定の利率でクーポンが定期的に支払われ、満期になると額面100円で返済（償還）されるという性質を持っています。

　社債を発行して市場からお金を借りることができるのは、**一般によく知られた大企業に限られます**。銀行がローンを貸すときは、規模が小さく知名度の低い企業であっても銀行が返済できるかどうかを詳細に調べることができますが、社債は市場で売買され、お金の貸し手が変わっていくことが前提となっています。そのため、誰もが知っているような企業でないと、市場に参加している者が安心して債券を売り買いできなくなってしまうという問題が起きるためです。

▶ 信用リスクの分、国債より利回りが高い

　国債（同じ国が発行した場合）と異なり、**債券の値段（裏返せば利回り）が発行元によって違っている**のも特徴です。これは発行している企業の信用力、つまり借金の返済能力を反映して、もともと発行された際のクーポンが違っているためです。また、発行されたあとの企業の業績や信用力の変化、あるいはそれらの見通しの変化によって値段が上下するためでもあります。

　基本的には信用リスクがほぼゼロと見なされる国債を基準に、企業の信用力の高低に応じて、値段と利回りに差がついていると考えられます。**利回りの違いは、主に信用リスクプレミアムを反映している**ことになります。

　社債の信用リスクの違いを「AAA」「AA＋」などアルファベットの略号と符号で評価しているものを「格付け」といいます。社債を発行するとき専門の格付け会社に依頼して格付けを取得するのが原則であるほか、企業の状況変化によって格上げ、格下げが随時実施されます。

MEMO 企業は信用力が高い企業から順に「AAA」などアルファベット順で格付けされます。なお、一般的に「BB」以下に格付けされた企業は投資不適格とされ、取引されることが少なくなります。

社債と国債の違いと格付け

● 社債と国債の違い

	国債	社債
発行元	国	大企業
内 容	・債券が発行される ・利息が定期的に支払われる ・満期時に元本が償還される	
違 い	信用リスクが低いので利回りは低い	国債と比較して利回りは高い

● 金融機関での格付けの代表例

一般的な呼称	格付け機関		一般的な投資適格・不適格の格付け区分
	S&Pなど	ムーディーズなど	
AAA（トリプルエー）	AAA	Aaa	投資適格
AA（ダブルエー）	AA+	Aa1	投資適格
	AA	Aa2	
	AA-	Aa3	
A（シングルエー）	A+	A1	
	A	A2	
	A-	A3	
BBB（トリプルビー）	BBB+	Baa1	
	BBB	Baa2	
	BBB-	Baa3	
BB（ダブルビー）	BB+	Ba1	投資不適格
	BB	Ba2	
	BB-	Ba3	
B（シングルビー）	B+	B1	
	B	B2	
	B-	B3	

日本国内の債券はBBB以上の格付けの高いものがほとんどです。

Q&A

Q 格付けはどのように評価されているのですか？

A 格付けは、発行されている債券ごとに信用力を個別に評価するのが原則です。一方で、社債を発行している企業そのものの信用力について格付けがなされる「発行体格付け」と呼ぶものもあります。また、格付けは社債を発行する企業の依頼に基づいて付与されるのが一般的ですが、格付け会社が独自に企業や社債の信用を評価して格付けをする「勝手格付け」と呼ぶものもあります。

債券とお金を交換するレポ取引

POINT
- 債券を貸してお金を借りることをレポ取引という
- レポ取引には二重の金利が発生する
- レポ取引は普通にお金を借りるよりも低い金利になる

▶ 債券の性質を利用したレポ市場

　市場の中には、金利に関連して取引されているものを再活用して、さらにお金の貸し借りがおこなわれるものもあります。**そのひとつが「レポ市場（取引）」**です。これは、債券貸借取引または債券現先取引と呼ばれ、**手持ちの債券（国債であることが多い）を一時的に貸し出してお金を借りる取引**です。債券を借りる立場からみると、現金を担保にして債券を一時的に借りる取引ともいえます。

　債券は比較的満期が長いため、市場で買ったのは良いものの満期の前に一時的に現金化する必要が出てきた、または、満期まで持ちたくはないが一定期間だけ債券の利率分のクーポンを手にしたいといった需要があります。債券を発行した国・企業にお金を貸した格好ではあるものの、その借用証書が転売可能になっている性質をうまく利用して、こうした需要に応える取引であるといえます。

▶ もととなる債券の金利とは別物の金利

　レポ取引には**二重の金利（厳密には金利に相当するようなもの）が発生する**のが特徴です。まず、債券を貸して一時的にお金を借りる側には、その期間お金を借りることと同等の金利が発生します。一方で、**債券の貸し借りにも品貸料（品借料）が発生**します。短い期間であっても債券を持った人にはその期間分の利率が払われるので、一定の期間、債券を借りた側にはその分を対価として支払う必要があるためです。

　結果的に、債券を貸してお金を借りた側は債券の品貸料の分だけ、**普通にお金を借りるよりも低い金利で、お金を借りることができる**ことになります（その分、債券からもらえるクーポンは失う）。さらに細かくいえば、誰しもが持ちたいと思うような稀少性のある債券の品貸料は、それだけ高くなりますので、より安い金利でお金を借りた形にできることにもなります。

　用語　**SCとGC**：債券の貸し借りについては、銘柄を指定したもの（SC取引）と指定しないもの（GC取引）がある。GC取引では貸借期間の途中で貸している債券の入れ替えもおこなわれる。

レポ取引の基本的なしくみ

● 取引をはじめるとき

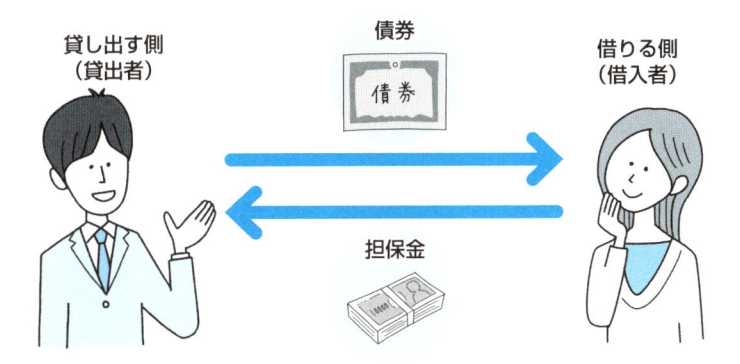

貸し出す側（貸出者）　債券　借りる側（借入者）

担保金

● 取引を終えるとき

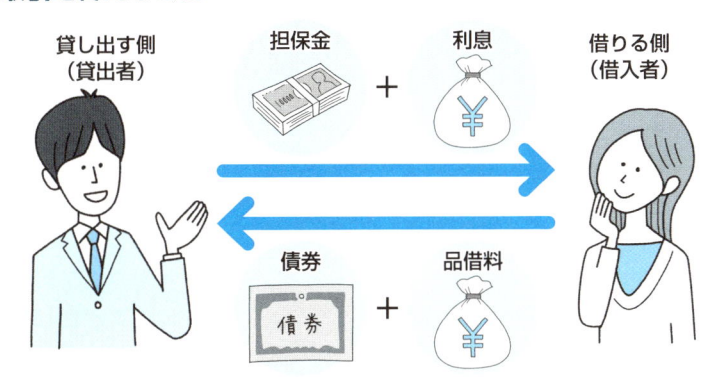

貸し出す側（貸出者）　担保金　＋　利息　借りる側（借入者）

債券　＋　品借料

貸出者は債券を貸してお金を借りるときに、利息を支払う必要があるが、取引を終えて債券を返してもらうときに品借料を支払ってもらえるので、結果的に低い金利でお金を借りた形になる

Check

レポ取引は、債券（国債）を買うことで手元から離れたお金を一時的に取り戻し、新たな使い道にあてることができる便利な機能です。国債をずっと持ち続けて得られる金利（クーポン）よりも有利な投資先が見つかったとき、金利はかかりますが、国債の品貸料をもらいながら、さらにプラスアルファで金利などを稼ぐことができる「一粒で二度おいしい」債券（国債）の使い方ができる方法でもあります。

変動金利と固定金利の違い

POINT
- 市場金利を基準として変動金利と固定金利がある
- 変動金利と固定金利でルーツが異なる
- 変動金利の水準が変わることを「更改」という

■ 市場金利を基準に生まれる2つのタイプの金利

　一般の個人が住宅ローンを借りる際に最も悩む点のひとつが、「変動金利で借りるか、固定金利で借りるか」という点です。住宅ローンだけではなく、銀行で貸し出されるローンの変動金利、固定金利のルーツはこれまでみてきた市場金利にあります。

　変動金利のルーツは、短期市場金利のひとつである銀行間市場金利にあり、具体的には「TORF+〜ベーシス（ベーシスは0.01%）」といった決められ方をし、**もとになる銀行間市場の金利が上下すると、ローンの変動金利も上下します。**一方、固定金利は対応する期間の国債利回り（略号T）を基準に「T+〜ベーシス」のような決められ方をしています。

　注意しなければいけないのは、長期のローンでも変動金利で借り入れている場合、短期金利である銀行間市場の金利に応じて、ローン金利が変わることがあるという点です。すなわち、**金利の短期・長期とローンの短期・長期は必ずしも対応するわけではありません。**

■ 更改は基本的に変動金利において水準が変わることを指す

　銀行間市場金利の変化に対応して、**銀行などが変動金利の水準を変えることを金利の「更改」と呼びます。**変動金利の場合には借りる側も途中で金利が変わることを受け入れたうえで借りているので、一定の期間が経過し、そのとき市場金利が動いていれば、ほぼ自動的におこなわれます。

　一方、**更改は固定金利の場合でもおこなわれる**ことがあります。市場金利から計算される基準金利に対して何%上乗せをするかは、借り手の状況などによって、その都度、交渉の余地が生じます。固定金利の期間内であっても市場金利が大きく動いた場合、借り手が応じることが前提ではありますが、銀行が金利の更改について交渉を持ちかけるケースはあります。

　◯ **用語** プライムレート：市場金利を基準に、最も優良な（信用力が高い）借り手に提示する金利をプライムレートと呼ぶ。短期と長期のものがあり、それぞれ「短プラ」「長プラ」と略される。

変動金利と固定金利の性質

固定金利

金利は変わらない

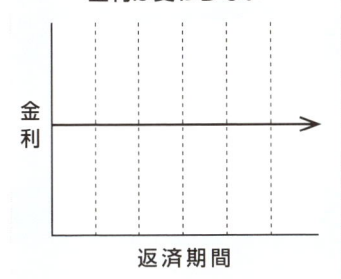

金利 ──────────→

返済期間

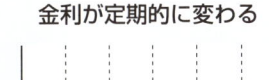
変動金利

金利が定期的に変わる

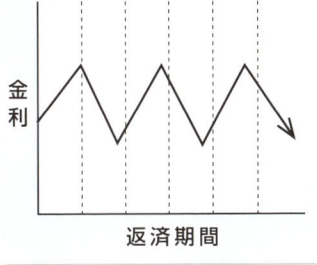

金利

返済期間

影響を受けるもの	国債利回り	銀行間市場の金利
メリット・デメリット	メリット： ・借入時に返済額が確定できる ・市場金利の上昇に影響されない デメリット： ・変動金利よりも金利が高いことが多い ・市場金利が下降した場合、損をする可能性がある	メリット： ・固定金利よりも金利が低いことが多い ・市場金利が下降した場合、得をする可能性がある デメリット： ・借入時に返済額が確定できない ・市場金利の上昇に影響される

> 変動金利の金利更改の時期は、金融機関によって自由に設定できますが、一般的には6カ月となっていることが多いです。

Check

住宅ローンを変動金利で借りた場合の注意点としては、金利が変動しても月々の支払額がそれに比例して変動するわけではないという点です。「5年ルール」といい、金利が変動しても月々の支払額は5年間基本的に固定され、返済額の中で元本と金利を払う比率が変化します。金利が上昇した場合は、元本の返済割合が下がって金利を払う割合が上がることになります。

金利を交換する金利スワップ

POINT
- 金利スワップとは変動金利と固定金利の交換取引
- 金利スワップ取引では元本のやりとりはしない
- 金利スワップ取引をする際は、必ず想定元本を考える

▶ 金利スワップで変動金利と固定金利を交換する

　住宅ローンを変動金利で借りていたが、途中で金利が大きく上がってきて固定金利にしておけば良かった、逆に、固定金利で借りたが、途中で金利が大きく下がり、変動金利にしておけば良かったというケースがあります。個人の住宅ローンに対しては利用できないのですが、プロのお金の貸し借りでは、**途中で変動金利を固定金利に、またその逆へと交換してしまうテクニック**が使えます。

　金利スワップ（スワップは「交換」の意味）がそれにあたります。固定金利でお金を貸している銀行が、固定金利で払って変動金利を受け取るという取引を新たにすることで、あたかも変動金利でお金を貸したようにでき、逆に変動金利でお金を貸している銀行が、変動金利を払って固定金利を受け取るという取引を加えることで、固定金利でお金を貸したのと同じ状態を作り出せるのです。

　固定金利で払って変動金利を受け取るスワップを「**固定払い・変動受け**」、変動金利を払って固定金利を受け取るスワップを「**変動払い・固定受け**」と呼びます。

▶ 元本のやりとりは基本的にしない

　金利スワップ取引では、**元本のやりとりが基本的におこなわれません**。金利の部分だけについて固定と変動の交換がおこなわれるのみです。しかし、いくら分の固定金利の受け取りを変動金利に切り替えるかを決めるには、金利が何％であるかという情報だけでは不十分です。**金利スワップの取引をする際には、必ず「いくらの元本について金利を交換するのか」を考える必要があります**。このように実際にはやりとりがないにも関わらず、必ず架空の元本の金額が取引の念頭に置かれています。**そのような元本のことを「想定元本（そうていがん）」と呼びます**。

金利スワップのしくみ

● 固定払い・変動受け

A銀行は、お金を貸した企業から受け取った固定金利をそのままB銀行に支払い、その代わりにB銀行から変動金利を受け取ったので、実際には変動金利でお金を貸したような形になる

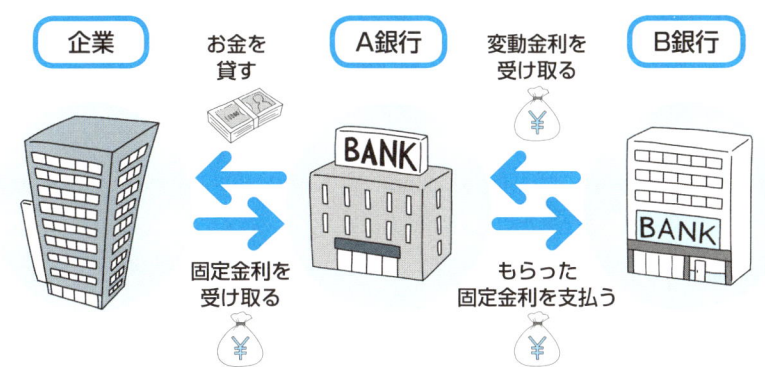

● 変動払い・固定受け

A銀行は、お金を貸した企業から受け取った変動金利をそのままB銀行に支払い、その代わりにB銀行から固定金利を受け取ったので、実際には固定金利でお金を貸したような形になる

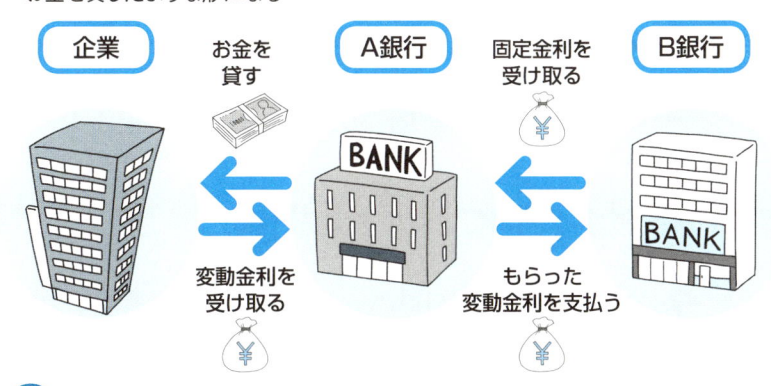

Check

スワップ取引の値段の示し方は、「銀行間市場の基準金利と固定金利を交換した場合の固定金利」で表示するのが一般的です。これを「スワップレート」と呼びます。銀行間市場と固定金利を決める基準となる国債市場はバラバラに動いていますが、スワップレートを使うと、銀行間市場の金利を長期の固定金利に翻訳することが可能になります。

将来の金利を予測する金利先物

POINT
- ●将来の金利を予約できる市場が金利先物市場
- ●金利先物は金利の差で利益を得る取引にも使える
- ●金利先物は現時点での将来の金利の予想値になる

▶ 将来の金利を予約できる

今ではなく将来お金を借りたいが、今より金利が上がってしまう不安がある、といった場合に利用できる市場があります。それが「金利先物」です。例えば、現時点で金利が1.0%（年利）であるが、3カ月後には1.5%以上になってしまうと困るという場合に、金利先物市場において3カ月後の金利が1.2%となっているなら、その金利で予約を入れてしまう、といった使い方ができるということです。

金利先物の値段は、基本的に「100−金利」で表示されます。 前述の例でいえば、ある時点の3カ月金利先物は98.8円です。金利の上昇が心配な人は、今98.8円である先物を売って3カ月後に買い戻す約束をしておきます。不安が的中して3カ月後の金利が1.5%になると先物の値段は「100−1.5＝98.5」なので、買い戻すと「98.8−98.5＝0.3円」の利益が出ることになります。そのうえで、3カ月後に100円を1.5%で借りて1.5円の金利を払っても、0.3円の利益と合わせれば実際には1.2円しか払っていないことになるのです。

▶ 現実の金利との差を利用して利益を得られる

金利先物は**先物と現実の金利の差を利用して利益を得るという取引にも使えます。** 例えば、今1.5%の金利が3カ月後には下がりそうだと予想するなら、「100−1.5＝98.5円」の先物を買っておけば良いのです。予想が当たって金利が1.0%に下がれば先物の値段は99円になるので、3カ月後に売ったときには0.5円の儲けを出せることになります。

このようにみなさんが同じような予想をしはじめると、今度は先物に人気が出て値上がりするはずです。例えば、全員が3カ月後の金利が1％に下がると思えば、先物の値段が99円になるまで買いが続くはずです。大勢の予想なら正しいという保証はないのですが、**先物の値段（先物が示す金利）は、その時点で市場が予想している将来の姿**を表しています。

MEMO **円の金利先物**：現在、日本国内で主流の円の金利先物は、「TONA3カ月先物」。将来の無担保コール翌日物金利3カ月分を取引していることになる。

金利先物のしくみ

● 金利先物とは

ある時点	3カ月後
3カ月金利先物：1.2%	金利：1.5%

売り手　1.2%で売る　買い手

約束

3カ月後に
買い戻す

3カ月後に金利が上がると
心配だから、今の金利で金利先物を
売る約束をしておこう！

売り手　現状1.5%の
ものを約束通りの
1.2%で売買する　買い手

予想通り金利が上がったから金利先物が
1.5%になったけど、1.2%で買い戻す約束を
していたから0.3%分の利益が出た！

● 先物と現実の金利の差を利用して利益を得る

現 在	3カ月後
3カ月金利先物：98.5円	金利：99円

買い手　　　　　売り手

98.5円で買う

3カ月後に金利が下がりそうだから、
今の値段で買っておこう！

売り手　99円で売る　買い手

予想通り金利が下がったから、今売ったら
0.5円の利益を得ることができるね！

Check

日本銀行のマイナス金利政策により、実際に金利がマイナスになっている場面に一般の個人が出会うケースはほとんどありませんでした。しかし、金利先物の値段が100を超えていた事実は、実際に市場において金利がマイナスの状態でやりとりされていることを知るひとつの手がかりでした。日銀のマイナス金利政策が終わると、新聞紙上などで100を超える金利先物の値段をみることはなくなりました。

金利裁定で金利のバランスを取る

POINT
- 市場間の金利のバランスを取る動きを金利裁定と呼ぶ
- 金利裁定は期間・時間をまたいで金利の均衡を保つ
- バランスが取られる動きを「金利裁定がはたらく」と表現する

▶ さまざまな市場において金利のバランスを取る動き

　ここまでに解説してきたそれぞれの市場において、金利はバラバラに決まっているという印象を与えたかもしれません。しかし、それらはすべてつながっており、きちんとバランスが取れている、バランスを取るメカニズムがはたらくことをPART2の締めくくりとして解説します。

　例えば、同じような期間のお金の貸し借りをする短期金融市場において、銀行間市場とオープン市場で異なる金利が決まっている場合、当然、銀行などはより有利な金利が得られる市場に多くのお金をまわすはずです。こうして金利決定の基本原理である「お金が余っているか・足らないか」が市場をまたいで変化し、結果的にどの市場にお金を持っていっても概ね同じような金利が得られるようにバランスが取られます。このように、**市場をまたいで金利の有利・不利をならすようなバランスが取られる動きのことを「金利裁定」と呼びます**。

▶ 市場間だけでなく時間をまたいでバランスを保つ

　金利裁定は、同じ期間のお金をやりとりする市場どうしだけでなく、**期間・時間をまたいでもはたらいています**。例えば、短期金融市場の1年金利で10年お金を貸す場合と、債券市場で10年満期の債券を買った場合で得られるものが同じように調整されるといった格好です。このとき、当然ながら、短期金融市場の将来の金利の予想が反映されている金利先物と10年満期の金利との間でも金利裁定がはたらき、どちらにお金を持っていっても有利・不利が生じないように常にバランスが取られます。

　市場どうしで金利のバランスが取られる動きのことを、「金利裁定がはたらく」や「金利裁定が成立する」と表現します。

80　　**用語**　**裁定取引**：金利に限らず、複数の市場どうしの値段を見比べて有利な方を買い、不利な方を売る取引を「裁定取引」と呼ぶ。

さまざまな市場間でおこなわれる金利裁定

市場金利はそれぞれ互いに影響し合っており、市場によって有利・不利が生じないよう金利裁定がはたらき、金利のバランスが取られている

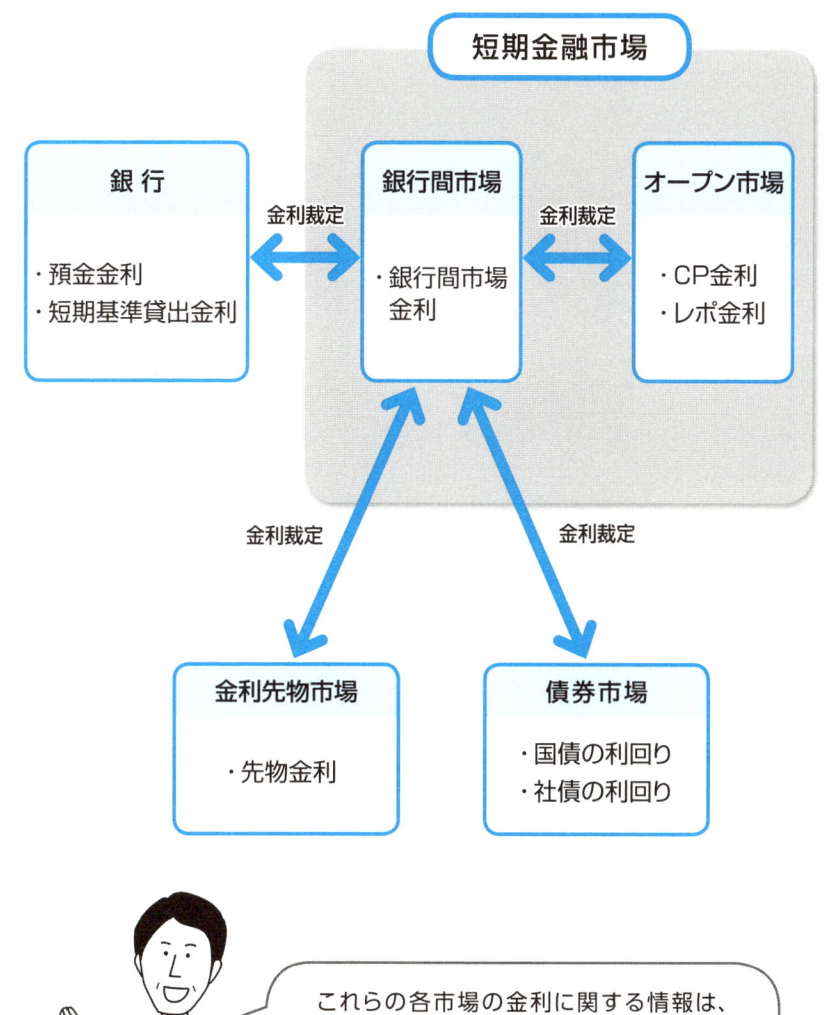

これらの各市場の金利に関する情報は、日本経済新聞などから得ることができます。

銀行における「本業」と「余資」

「本業」と「余資」。筆者が仕事上、銀行などの金融機関に伺ってお話をするとしばしば耳にする言葉です。銀行の方が一般に「本業」という場合、それは、預金を預かって貸し出し、融資をするビジネスを指します。一方、銀行などの金融機関には、預かった預金のうち貸し出しにまわらない、まわさないお金をさまざまな市場で運用する部門が必ず存在しています。仕事柄、接する機会が多かったのは、この部門ではたらいている方々ですが、銀行のお金を市場で運用するビジネスのことを、「余資運用」と呼ぶケースに多く出くわしました。

このように、銀行業界では「本業」と「余資運用」が区別され、まさにこれらの言葉から感じられるニュアンス通り、前者が「主」であり後者が「従」の関係にあることがなかば暗黙の了解のようにもなっています。内情をすべて承知しているわけではありませんが、はた目からみても、銀行内の出世レースにおいて「主」の領域でキャリアを積んだ人の方がいささか有利に扱われているのではないかと感じることもしばしばあります。

実態として近年では、国内の金融機関のうち少なくない割合で、預金量に対して貸出量が半分にも達しないところも現れています。金額だけでみれば主従が逆転しているにも関わらず、「従」と位置付けられることに関して、やっかみやボヤキにも似た不満の声を、金融機関において運用に携わっている方から聞いたこともあります。

しかし、PART2でみてきた通り、金利の決定や設定の世界には主も従もありません。銀行内で「従」の扱いを受けるケースが多い、市場での金利の動きが、実は「主」と位置付けられている預金や貸し出しの金利を決める重要なカギになっているという関係もあります。

「金利のある世界」の復活は、これまで日本銀行のコントロールによって「無きもの」となってきた金利が、その決定や設定メカニズムの点でも本来の姿を取り戻すことでもあります。この機会に、これまでみられたような「本業」「余資」の主従関係が解消、払拭されることを密かに願っています。

PART 3

多彩なはたらきをする 金利

金利は金融市場の中で多くのつながりを持ち、それゆえに金利は多種多様な役割を担っています。ここでは金利が持つ役割と、その機能についてみていきます。

金利のさまざまな払い方

POINT
- 金利の払い方は「一括」か「分割」かに分かれる
- 分割返済には元利均等返済と元金均等返済がある
- 住宅ローンと企業の融資で払い方が異なる

▶ 金利には複数の払い方がある

PART3では金利が果たす役割、機能について説明していきます。その前に、金利の役割を考える前提として、金利の払い方、言い換えれば**借金の返し方に複数の異なる方法がある**ことを説明しておきます。それぞれの方法の詳しい内容は、このあとの項の説明に譲り、差し当たり本項ではどのような払い方が存在しているのかを説明します。

まず、**ローンや借金の借り入れ期限にまとめて元本と金利を払う（返す）「期限一括返済」**と、期限が来る前の時点でも**定期的に一定の金額を払っていく「分割返済」**に分かれます。

また、分割返済については、定期的な返済額が一定になるように計算したうえで、その中に含まれる**金利と元本の割合が期間ごとに変わっていく「元利均等返済」**と、元本を返済期間で割り算して一定額ずつ返していく一方、**徐々に減っていく元本に比例させながら約束された金利も返していく（このため毎月の返済額は時間とともに減っていく）という「元金均等返済」**という2種類の払い方が一般的かつ主流になっています。

▶ 個人と企業で異なる金利の払い方

金利の払い方は、**①借り入れる期間、②住宅ローンなど個人が借りるローンか・企業が借りる事業性のローン（融資）か**によって分かれています。

まず、期間が1年以内の短期借入金については、そのほとんどが事業性のローンであり、払い方は**期限一括返済が主流**となっています。

一方、1年を超える長期借入金は、個人住宅ローンも事業性ローンも分割返済が主流です。元利均等返済と元金均等返済については、どちらのケースでも選択が可能ですが、**個人住宅ローンでは元利均等返済が、事業性ローンでは元金均等返済が主流**になっています。

MEMO 個人住宅ローンで元利均等返済が主流なのは、毎回（一般に毎月）の返済額が借金を返し終わるまで原則変わらず、生活設計がしやすいメリットがあるため。

金利の払い方≒借金の返し方の分類

長期借入（分割返済）

元金均等返済
主に事業性ローンで用いられる

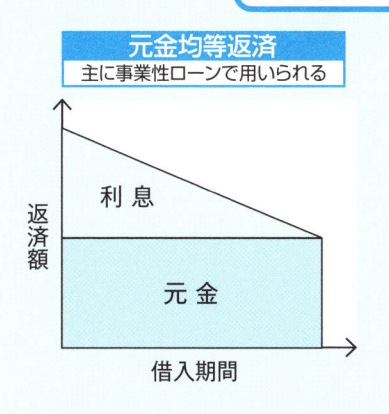

元金据置返済
主に事業性ローンで用いられる

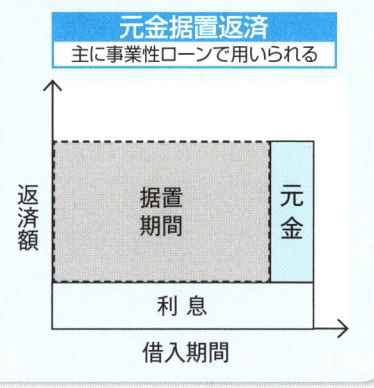

元利均等返済
主に個人住宅ローンで用いられる

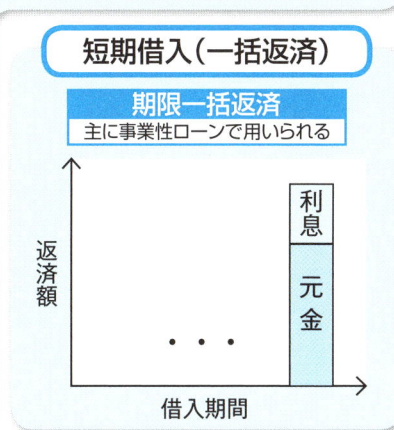

短期借入（一括返済）

期限一括返済
主に事業性ローンで用いられる

これらは最も典型的な方法を示すもので、上図の区分とは異なる返済方法が取られることもあります。

Ｃheck

事業性ローンの金利の払い方としては、「元金据置返済」という方法もあります。これは、期限（満期）に元金を一括して返済する一方、金利だけは定期的に払っていく、という方法です。いわば、元金の返済を最後まで猶予している格好になっており、コロナ禍に対応した緊急融資など、特別な事情に配慮した支援・救済型のローンで用いられる方法となっています。

期限一括か分割返済か

POINT
- ●一般的に短期借入では金利を1回のみ払う
- ●短期借入では貸し出し時に金利を差し引かれる
- ●長期借入では元利ともに分割で支払う

◤ 短期借入は元利期限一括返済が一般的

　金利（元本も含むケースが多い）の返済方法として、一括返済と分割返済の違いについてみていきます。

　短期の借入については、一括返済となるケースがほとんどです。金融の世界で短期とは一般的に1年以内の期間を指します。一方、金利の決まり方については「年利」や「年率」と呼ばれる「1年あたり何％」という設定方法が一般的です。これは、**短期の借入では元本の返済期限が来るまでに金利を払う（払わなければいけない）機会が1回しかない**ケースが多いということを意味します。

　一括返済で最も一般的な期限一括返済では、借入の期限の時点で金利だけでなく元本も一括して支払う取り決めになっています。また、実務上は、**最初の貸し出し実行の時点で元本と同額ではなく金利を差し引いた金額**を貸し出し、返済時にそれと同額を返すというやり方で、期限の時点で元本と金利を一括で返した扱いとしているケースが一般的になっています。

◤ 長期借入では一般的に元利ともに分割返済

　長期借入において分割返済が一般的であるのは、借入の期間に必ず2回以上の金利の支払い機会がやってくるためと考えられます。金融界での長期とは「1年を超える期間」を意味するためです。

　金利の本来の決まり方が、「元本に対して年何％」となっているため、1年ごとに分割返済になるのは金利だけでも良さそうですが、実務上は、**元本も分割返済とする**のが一般的です。長期借入では、元本の金額が大きいことから、元本の返済を満期一括にしてしまうと、最後に巨額の支払いをしなければならず、負担が重くなってしまうためです。分割返済では、元金の返済に比例して支払う金利も減るため、一括返済の場合と比べて負担を軽減することができます。

MEMO ┃ 金融界における「割引」は、一般に使われる「値引き」の意味ではなく、最初に貸すときに金利分を差し引いて貸し出すことを指す。

一括返済と分割返済の違い

● 300万円を借りた場合（金利は単利1％とする）

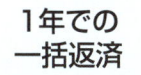
**1年での
一括返済**

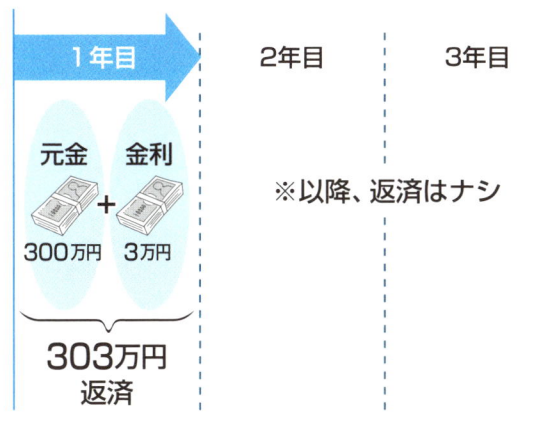

| 1年目 | 2年目 | 3年目 |

元金 + 金利
300万円　3万円

**303万円
返済**

※以降、返済はナシ

メリット
- 支払う利息の総額が減る
- 金利が変動するリスクがない

デメリット
- 手元の資金が一気に減る

**3年かけて
分割返済**(※)

| 1年目 | 2年目 | 3年目 |

元金 + 金利　元金 + 金利　元金　金利
100万円　3万円　100万円　2万円　100万円　1万円

**306万円
返済**

メリット
- 急激な資金の減少を避けられる

デメリット
- 支払う利息の総額が増える
- 金利が変動するリスクがある

※元金均等返済（P89）の例

Q&A

Q 「手形」とは何ですか？

A 期限一括返済となる短期借入の際、担保として用いる借用証書です。「約束手形」とも呼ばれます。手形を担保にするということは、誰かにお金を貸した証拠を持ち込んで自分がお金を借りるということでもあります。一般には手形の額面金額（＝貸している額）に対し、全額を貸してもらえることはなく、手形が踏み倒される（「不渡り」という）リスクの分だけ割り引いた金額しか貸してくれないのが普通です。

元利均等と元金均等

POINT
- ●元利均等返済は毎月の返済額が一定
- ●元金均等返済は元本の返済額が一定
- ●安定か負担の減少を優先するかで支払い方法が変わる

◤ 元利均等返済と元金均等返済の違い

　金利分割返済の代表例である、元利均等返済と元金均等返済の違いについて解説します。両者の違いをひとことで指摘するならば、「何を一定額にするか」の違いであるといえます。**元利均等返済は、ある期間（住宅ローンであれば毎月となるケースが多い）の返済額を一定にする払い方です。**一方、**元金均等返済は、ある期間における元本の返済額を一定にする払い方となります。**

　金利の支払いだけに注目したとき、元利均等返済の場合は、毎月一定となる返済額のうち、一体いくらの金利を払っているのかが非常にわかりにくくなります。というのも、支払いのタイミング次第で、毎月の返済額に含まれる金利と元本の割合が刻々と変わっていくしくみになっているためです（右図）。

◤ 元利均等返済と元金均等返済のメリットとデメリット

　元利均等返済と元金均等返済の違いが、それぞれのメリット・デメリットを考えるうえでも重要なポイントになります。

　元利均等返済は、毎回の返済額が一定になるため、特に個人の場合、**生活設計がしやすいというメリットが生まれます。**一般に住宅ローンで元利均等返済が利用されることが多いのもこのためです。しかし、毎回の支払いを一定にするためにはしくみ上、金利の返済を先に進めていく必要があり、このため**元本がなかなか減らないというデメリットが生まれます。**

　この裏返しが元金均等返済のメリットになります。返済を繰り返すたびに着実に元本が減っていくため、それに対応する金利払いも段階的に減っていくことになり、**毎月の返済額は満期が近づくほど小さくなります。**一方で、返済額が段階的に減っていくということは、**毎回返済額が変わる**ということでもあり、この点が逆にデメリットでもあります。

MEMO 住宅ローンで元金均等払いを選択することもできるが、一般的な会社員など年齢が若く給与収入が少ないときほど返済負担が大きい払い方を選択することになるため、あまり一般的ではない。

元利均等返済と元金均等返済

● 元利均等返済のイメージ

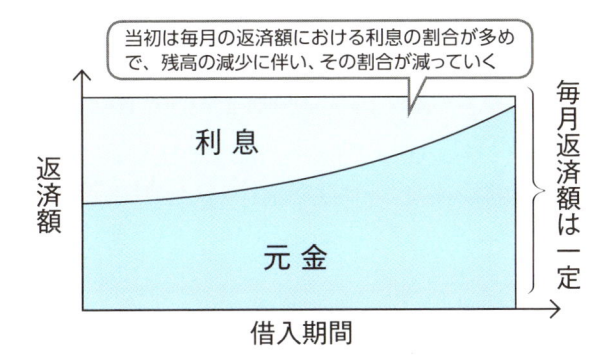

当初は毎月の返済額における利息の割合が多めで、残高の減少に伴い、その割合が減っていく

返済額

利 息

元 金

毎月返済額は一定

借入期間

メリット	デメリット
・返済額が一定のため返済計画を立てやすい ・借入当初の返済額を低く抑えることができる	・元金が減りづらい ・返済期間が同じ場合、元金均等返済より総利息額が多い

● 元金均等返済のイメージ

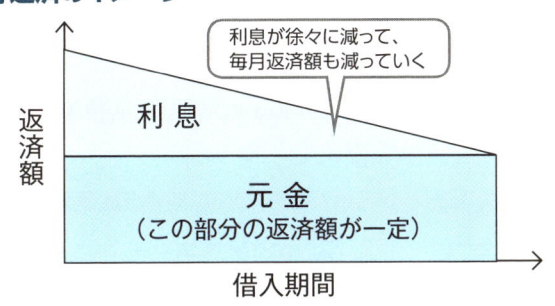

利息が徐々に減って、毎月返済額も減っていく

返済額

利 息

元 金
（この部分の返済額が一定）

借入期間

メリット	デメリット
・返済期間が同じ場合、元利均等返済より総利息額が少ない ・返済期間の終盤に向かうほど、返済の負担は減っていく ・元金は一定額ずつ減っていく	・借入当初の返済額が高い ・返済計画を立てづらい

Check

満期前に借金を返すことを「繰上返済（くりあげへんさい）」と呼びます。繰上返済は支払回数制限や手数料がかかることなどもあるため、まとまった金額で少ない回数でおこなう方が総返済額を少なくする効果が大きくなります。しかし、元利均等返済の場合、返済初期の元金残額がより大きくなるため、繰上返済の効果を十分に得るためにはかなりまとまった資金を用意しなければならなくなります。

金利が障害になるケースもある

POINT

- 金利は返済期限まで定期的な支払いが必須となる
- 定期的な金利の支払いが障害となる場合もある
- 赤字創業となるベンチャー企業にとって金利が邪魔者となる

▶ 定期的な支払いが必須という金利の特徴

これまで解説したように、さまざまな支払い方法があるとはいえ、**金利はお金を借りた直後から最終的な返済期限まで定められた回数分の支払いが必要になる**という特徴を持っています。金利の支払いを伴うお金の借入は、本来、自分のお金が十分ではなくても、何らかの目的（例えば、身近なところではマイホームの購入、大がかりなものになれば世の中に貢献するような事業の開始）を実現するうえで欠かせないものです。

一方で、お金の借入に必ず付随する金利の支払いが障害となって、例に挙げたような目的が果たせなくなるという問題が起きることもあります。

▶ 金利の定期的支払いが障害となるケース

定期的な支払いが必須という金利の基本的な性質が障害となるケースは、例えばベンチャー企業やスタートアップ企業がお金を借りる場合です。ベンチャー企業やスタートアップ企業は、会社を設立し事業を開始した当初は、複数の年にわたって赤字が続くケースが多いといわれます。何年か事業を続け、ビジネスが軌道に乗ってからでないと利益が出ず黒字にならないことが多いためです。

このような企業が、事業を開始する際の資金を銀行などからの借入によって調達した場合、赤字が続いている１〜２年目など最初の段階では金利（実務上は同時に支払いを求められる元本も）の支払いができず、あえなく倒産してしまうことにもなりかねません。何年か事業を続けていれば、事業が拡大し黒字になって世の中に貢献できるはずだった大切な芽が、早い段階で摘み取られてしまうことになります。

金利にはPART１で示した「お金の値段」としての重要な役割・機能がある一方、ときに、このような邪魔者となるケースもあります。

MEMO お金を借りた人は金利を払っていれば、満期まで元本の返済を待ってもらえる権利がある。これを「期限の利益」と呼ぶが、支払いが滞った瞬間この権利（利益）を失う。

ベンチャー企業にとって障壁となる金利

● ベンチャー企業がお金を借りた場合

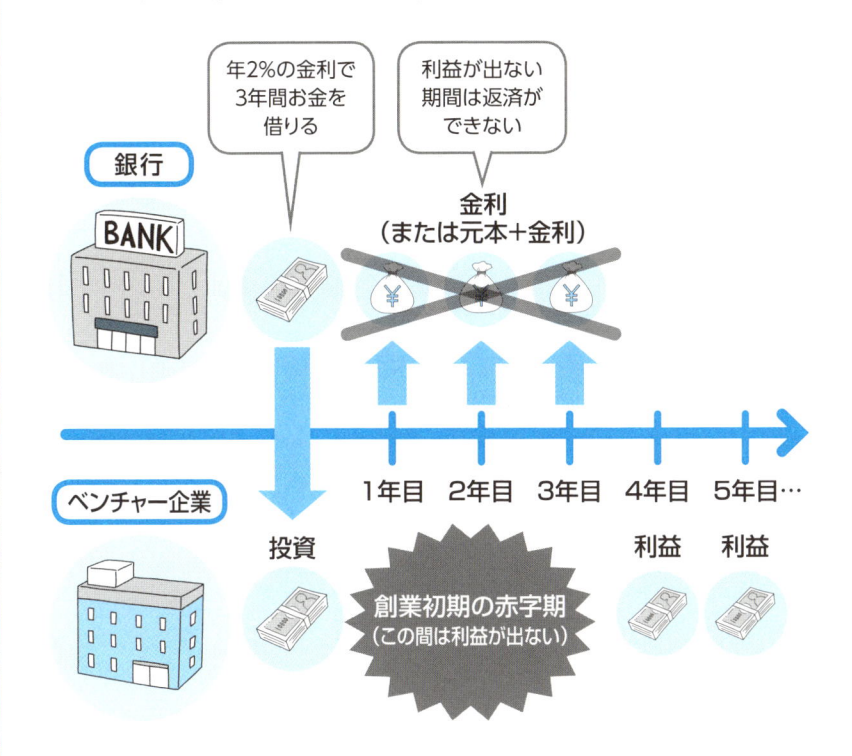

年2%の金利で
3年間お金を
借りる

利益が出ない
期間は返済が
できない

金利
（または元本＋金利）

銀行

BANK

ベンチャー企業

投資

1年目　2年目　3年目　4年目　5年目…

利益　　利益

創業初期の赤字期
（この間は利益が出ない）

このように、ベンチャー企業は最初に赤字が続く場合が
あります が、何年か事業を続けると黒字化することもあ
ります。しかし、金利を含む借金の返済により、それが
障壁となり企業が倒産に迫られる場合も多くあります。

Ｃｈｅｃｋ

金利が払えなくなった瞬間、借金を踏み倒したとみなされるというしくみは、借り
た側には非常に酷であり、重大なデメリットにみえます。しかし、貸した側にとっ
てみると、貸したお金をいきなり全部返せとはいわない代わりに、少しずつ払わ
せて相手が返す意思と能力を持っているかをチェックする大切な役割を持っている
ともいえます。

金利の欠点を避ける方法は？

POINT
- 金利とは異なる形で見返りを払う方法がある
- 金利の支払いを要求されない「出資」
- 出資に対して将来的に見返りを払う「配当」という手段

▶ 金利とは異なる見返りの払い方

　定期的な金利の支払いが邪魔になって生じる問題には、例えばベンチャー企業やスタートアップ企業につきものの初期の赤字を乗り切る方法も存在します。もっとも、他人にお金を出してもらっている以上、それに対する見返りを全くなくしてしまうという選択肢はあり得ません。ポイントとなるのは、**お金を出してもらった直後から支払いが生じる見返りではない形の見返りにする**という点にあります。

　そのヒントは「出世払い」にあります。つまり、ベンチャー企業やスタートアップ企業の事業がうまくいっていない間は何も払わなくて良いが、事業が軌道に乗りはじめたらしっかり払ってもらうという約束にするのです。ここでもうひとつポイントになるのは、出世払いにする以上、定期的な支払いが約束されている金利と同じ割合、金額の支払いではなく、**それを上回るメリットを与える必要がある**という点です。

▶ 「出資」に対する「配当」

　上のような基本的な考え方に沿って設計されている金融のしくみが「出資」と呼ばれるものです。出資は大きな金額のお金を他人のために提供する点ではローンと似ていますが、金利の支払いは要求されません。その代わり出世払い的に、**事業が成功し利益が出たらという条件で支払う必要があるものを**「配当」と呼んでいます。

　配当の金額は、金利のように出したお金、つまり「元本に対して何％」と固定されておらず、一般的には、**「一定期間に出た利益に対して何％」という「成功報酬」の形**をとっています。このようにして、出世払いになっているために最初の期間に返済を受けられなくなるお金の提供者（出資者）に追加のメリットを与えています。「株式（株）」は、この出資のしくみで設計されたものです。

MEMO　出資と株式はローンと違い、満期がない。お金を出した人は、配当を受け取る権利を他人に売って元金を取り戻すことができる。そのため、株式が市場で売買されている。

配当で見返りを払う「出資」

● ベンチャー企業が出資を受けた場合

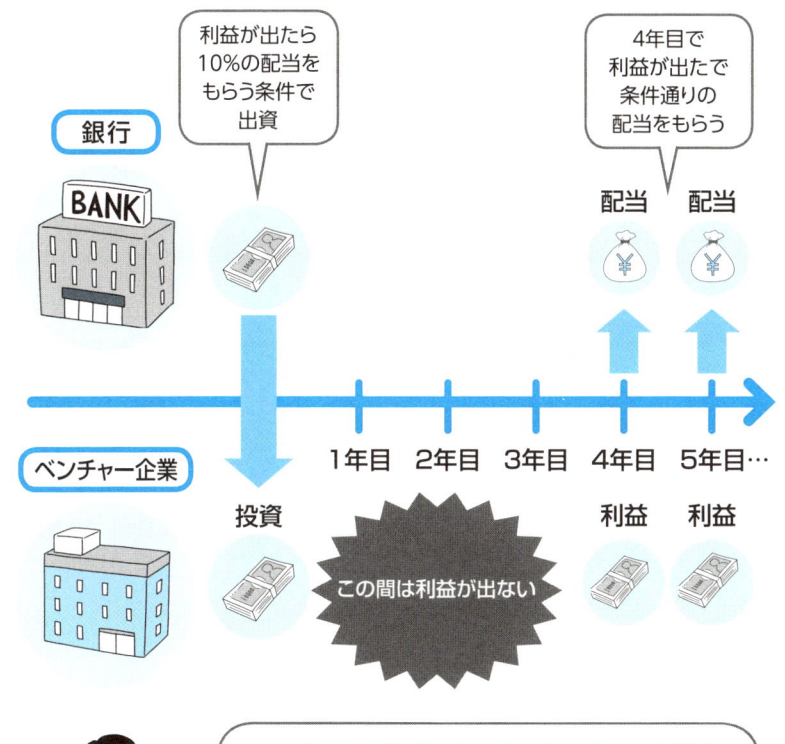

銀行

利益が出たら
10%の配当を
もらう条件で
出資

4年目で
利益が出たで
条件通りの
配当をもらう

配当　配当

ベンチャー企業

投資

1年目　2年目　3年目　4年目　5年目…

この間は利益が出ない

利益　利益

このように、「出資」という方法を使い、定期的な金利の支払いをすることなく、事業での利益が生まれてから「配当」という成功報酬を出資者に対して支払っていくことで、初期の赤字を乗り切るやり方が存在します。

Check

銀行のローンや債券のように、金利の支払いが伴うお金の調達手段を「負債」と呼んでいます。一方、出資や株式のように、金利ではなく配当の支払いを伴い、かつ満期のないお金の調達手段を「資本」と呼んでいます。企業の「資本金」と呼ばれるものは、その企業が創業したとき、いくらの出資を受けて作られているかの金額を表し、それ以外にも負債（借入など）を通じて資金を調達し事業を大きくしながら営んでいるのです。

金利に含まれる情報

POINT
- 定期的に金利を支払うことで返済能力の証明になる
- 返済能力に関する情報は次の金利支払いに反映される
- 債券は返済能力に関する情報がより敏感に反映される

▶ 定期的な金利の支払いは返済能力の情報源となる

　定期的な金利の支払いは、ときには邪魔になることがある厄介なものです。しかし、逆にみれば、定期的な金利の支払いがきちんとできている人や企業は**借金の返済能力に問題がないことを証明できている**わけであり、金利の支払いはその情報を得るための貴重な情報源ということになります。

　金利の支払いから得られた支払い・返済能力に関する情報は、次の金利に反映されます。 次の金利とは、銀行などからの借入であれば、金利に関する契約の期間が経過し、次の期間に入る際の金利です。一般的にはローンの満期が来て、次に借りる場合ということになりますが、変動金利であれば、満期の前に金利の変更がおこなわれることもあります。もし支払い・返済能力に問題があるといった情報が得られた場合には、P36で説明したリスクプレミアムが上乗せされ、次の金利はより高いものになります。

▶ 情報が最も敏感に反映される債券の利回り

　支払い・返済能力に関する情報がより敏感に反映されるのがPART2で説明した**債券**です。債券において金利に相当する「クーポン」は、最後まで変わりません。債券を発行した企業が支払う金利は、満期が来るまで同じです。

　しかし、発行企業の支払い・返済能力を疑わせる情報が得られた場合、市場での取引において債券は即座に値下がりします。すると、値下がりした債券に対する利率の割合である「利回り」は上がることになります。この利回りの上昇は、リスクプレミアムを反映したものであると考えられます。つまり、**債券の方が金利から得られる情報をより敏感に反映する**といえます。さらに、同じ企業がもし満期が来たあとにまた債券を発行してお金を得ようとした場合の利率は、市場で債券が値下がりしたことを反映し、上昇した利回りに沿って決定されることになります。

MEMO | ローンなどについて金利を変更することを「更改」と呼ぶ。変更や改定でも間違いではないが、専門・業界用語独特の言い回しとして、更改が使われている。

債券の利率・利回りと金利

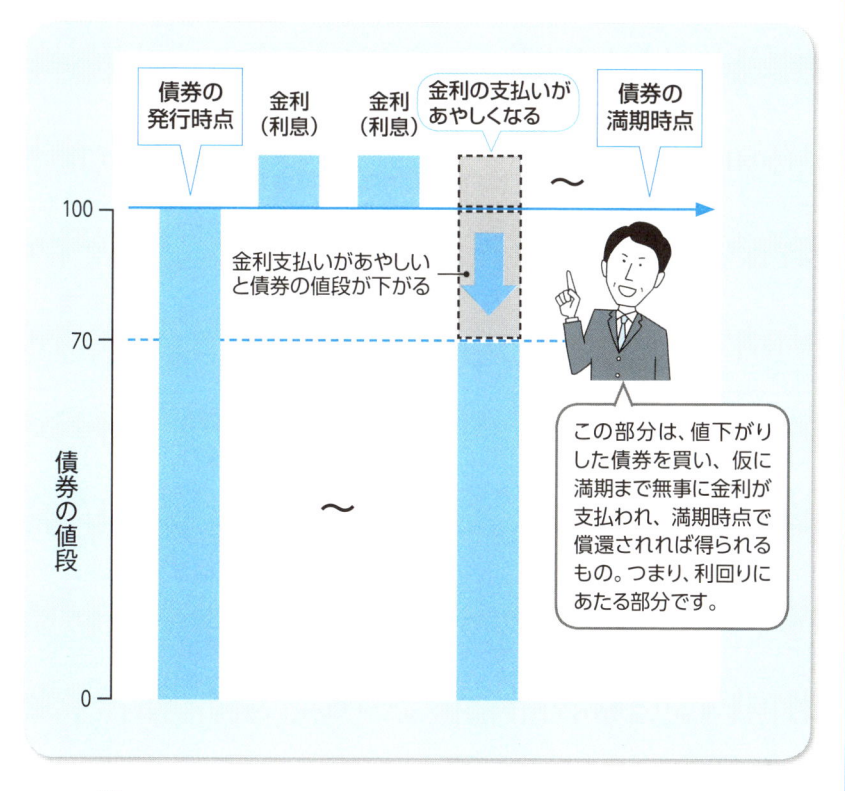

債券の発行時点　金利（利息）　金利（利息）　金利の支払いがあやしくなる　債券の満期時点

金利支払いがあやしいと債券の値段が下がる

この部分は、値下がりした債券を買い、仮に満期まで無事に金利が支払われ、満期時点で償還されれば得られるもの。つまり、利回りにあたる部分です。

債券の値段

100
70
0

債券の値段が下がると利回りが利率よりも高くなります。この動向は、リスクプレミアムを反映したものとも考えられます。

Q&A

Q 債券の利回りが上がる要因は、金利の支払いが滞りそうだという情報のみですか？

A ほかにもさまざまなことが要因となります。最初に債券を発行したときの利率よりも、市場全般の金利が上がった場合でも、それより低い金利しか手に入れられない債券が不人気になって値下がりし、利回りは上昇します。その場合の利回りは、上がった市場での金利と基本的に一致することになります。

金利が発するシグナル

POINT
- ●金利にはさまざまな情報が含まれている
- ●金利の３つの要素から理解することが重要
- ●金利の変化を正しく理解すれば世の中の変化がわかる

◤ さまざまなシグナルを発している金利

　前項では、金利の支払いから、ローンなど借入をしている人や企業の支払い・返済能力に関する情報が得られること、つまり金利には情報が含まれることを説明しました。PART 1で整理した金利の性質からすれば、金利に含まれる情報はそれだけではないことがわかります。支払い・返済能力に関する情報を含むのは、金利のうちリスクプレミアムの部分であり、金利にはそれ以外に、実質金利や予想インフレという部分もあるためです。

　実質金利は、経済活動の活発さと比例して上下する性質がありますから、**金利の上下は、将来の経済活動がさらに活発になるのか・不活発になるのか**という情報を含んでいることになります。同様に、予想インフレは、**物価の上がり方が大きくなるのか・小さくなるのか**といった情報を含むことになります。支払い・返済能力に関する情報を含むリスクプレミアムについては、企業ひとつの支払い能力だけではなく、**経済全体として支払い能力が落ちて企業の倒産が増えそうだといった情報を反映すること**にもなります。

◤ シグナルを正しく読めば世の中の変化がわかる

　このように、金利は経済やその地域の企業の動向などについて多様な情報を含んでいます。金利が上下するときには、将来の経済や企業の動向が変化するシグナルが現れている可能性があり、逆に、**金利が発するシグナルを正しく読み取ることができれば、今後の世の中の変化が手に取るようにわかる**ことにもなります。

　金利に含まれる経済や社会の変化に関するシグナルは、金利という「お金の値段」を動かすことで、「何円」といった金額で表されるあらゆるもの、特に**金融資産や金融商品の価値を相対的に変化させる**ことにもなります。

MEMO 銀行の店頭金利は頻繁に上下するものではないが、市場金利は時々刻々と上下し、特に債券の値段の上下に反映されるため、市場参加者にとっては切実な問題となる。

金利が発するシグナルの意味

経済状況が好転する

物価が適度に上昇する　　物価が過度に上昇する

金利が上がる

倒産・債務不履行が増加する

金利の上下を善悪の判断と結び付けてはいけません。例えば、経済状況が良くなく、倒産が増えやすい場合でも金利が上がることがあります。

金利が下がる

経済状況が悪化する

物価上昇が落ち着く　　物価が過度に下落する

倒産・債務不履行が減少する

金利の上下は、経済の状態が変化することを表しているから、その内容を正しく読み取ることが重要なんですね！

Q&A

Q 金利は上がる方が良いのですか？　下がる方が良いのですか？

A 金利の上下は善悪で判断することはできません。金利を受け取る側・払う側で、金利が上下した場合の損得は逆になるためです。別の視点からみても、実質金利の上昇は経済活動の活発化を反映している点で概ねプラスと評価できる一方、予想インフレやリスクプレミアムの上昇はマイナスの影響を受ける人や企業が多いといえます。

金融危機の予兆となる動き

POINT

● 金融危機発生を予言する炭鉱のカナリア
● 炭鉱のカナリアとして機能する信用リスクプレミアム
● 金利格差の拡大が金融危機の予兆となる

▶ 炭鉱のカナリアは金融危機発生を予言するシグナル

　金融業界では「炭鉱のカナリア」という言葉がときどき使われます。炭鉱のカナリアには、**株価の暴落などを伴う金融危機の到来を予言する兆候**の意味があります。もともと、炭鉱のカナリアは金融用語でも金利に関係する言葉でもありませんでした。炭鉱で有毒ガスが発生した際に、人間よりも先にカナリアが察知して鳴き声が止む性質を利用し、炭鉱夫が籠に入れたカナリアを持ち歩いた慣例が転じて、金融危機の予兆の意味で使われるようになったのです。

　金融危機の到来を予言する炭鉱のカナリアの役割を果たすことが多いのも、金利の持つシグナル機能のひとつです。具体的には、**信用リスクプレミアムの上昇が、炭鉱のカナリアとして機能**します。有力な大規模企業の倒産あるいはその連鎖が、金融危機を誘発するケースが多いことから、企業の支払い・返済能力に疑問が生じることで拡大・上昇する信用リスクプレミアムは、危機の預言者としては有効であるといえます。

▶ 金融危機の兆候により低下する金利もある

　信用リスクプレミアムの拡大・上昇が典型的な炭鉱のカナリアであるからといって、金融危機の兆候が表れた際に金利全般が上昇するわけではありません。金融危機の兆候を察知し、自らの財産や顧客から預かった財産を守ろうとする投資家は、**先進国の国債など安全性の高い金融資産・金融商品にお金を避難させる**ことから、むしろ金利が大きく低下するものもあるためです。

　信用リスクプレミアムは、国債など安全な金融資産の金利と倒産の危険がある企業が発行した社債など危険度の高い金融資産の金利との格差でもあります。**危機が迫った場合には、この格差が大きく広がることがその予兆となり、炭鉱のカナリアの役割を果たす**と考えられます。

MEMO 危機を察知した際、お金を安全な金融資産に逃がす動きを「質への逃避（Flight to quality）」と呼ぶ。

金融危機の予兆となる金利格差

10年満期米国社債(信用格付け別)と米国国債(財務省証券)の利回り格差

Baa格社債(信用力が低い社債)とAaa格社債(信用力が高い社債)を比較する

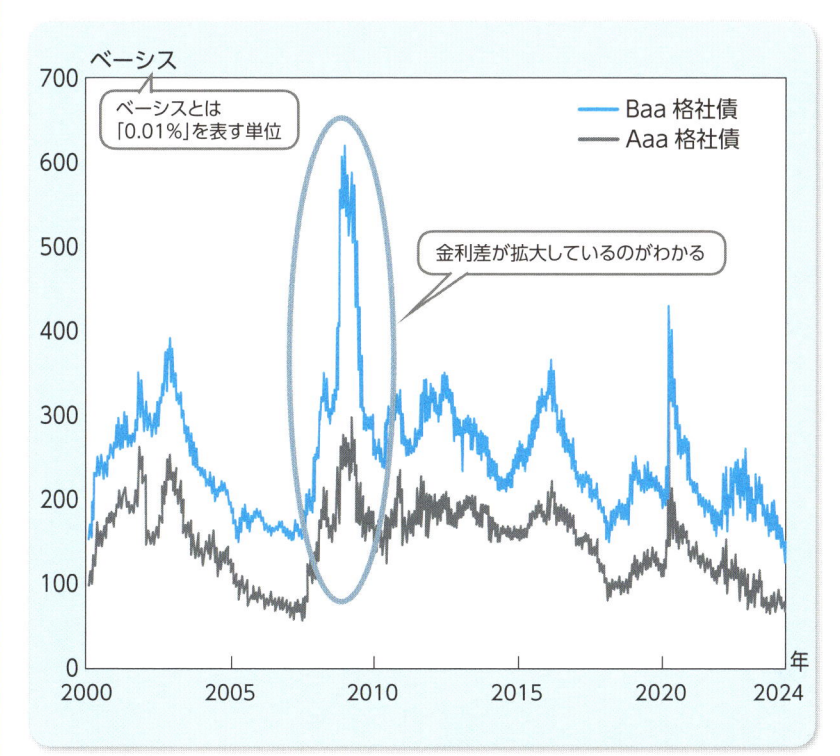

ベーシス

ベーシスとは「0.01%」を表す単位

── Baa 格社債
── Aaa 格社債

金利差が拡大しているのがわかる

年
2000　2005　2010　2015　2020　2024

信用の高い金融資産と、低い金融資産の金利の差が大きくなると金融危機が起こる兆候とみられるため、信用リスクプレミアムは炭鉱のカナリアの役割を果たしているといわれています。

Check

信用リスクプレミアムは、クレジット・スプレッド(直訳すると「信用格差」)とも呼ばれます。安全度の高い国債などの金利と、安全度の低い社債などの金利の格差がクレジット・スプレッドです。金利全体が炭鉱のカナリアの役割を果たすわけではなく、クレジット・スプレッドが拡大しているかどうかが、カナリアが鳴き止んだかどうかを判断するカギとなります。

理論から考える金利と株価の関係

POINT
- 金利と株価の動きは相反する関係にある
- 株価や金利の関係を数式で表す配当割引モデル
- 金利が株式投資と銀行預金の人気のバランスをとる

◤ 株価決定の理論と金利

　ここからは、金利が株式・為替・不動産などさまざまな資産や金融商品の価値を評価するモノサシとして機能する点について説明していきます。ここではまず、金利と株価の関係を理論的な観点から説明します。

　数式で表した場合、**株価をP、株を発行している企業の利益が配当として支払われた額をD、金利をrとして、「P＝D／r」**という式で決まるとされています（配当額が将来にわたって一定とした場合）。数式の成り立ちに関する詳細な説明は省略しますが、金利 r が分母にあって配当Dを割り算する格好になっているのは、将来の配当の価値を今のお金に引き直した場合、金利の分だけ価値が低くなるためです。金利と株価はお互い逆に動く、つまり**金利が上がると株価が下がり、金利が下がると株価が上がる関係にある**といえます。

◤ 株式投資と銀行預金の競合関係

　金利と株価がお互い逆に動くという理論的な関係は、直感的には次のように整理することができます。一定のお金を運用しようと考えている人の目の前に①株を買う、②銀行に預金する、という2つの選択肢があるとします。銀行に預金した場合、一定の金利がほぼ確実に手に入りますが、株を買った場合、その値上がり・値下がりを考えないのであれば、同じ期間に企業が稼いだ利益から投資家に払ってくれる配当が手に入るすべてのものとなります。これを金利と同じように、払った元手に対する割合で表した場合、**購入したときの株価をP、配当の額をDとすれば「D／P」**になります。

　「D／P」が金利rより高ければ、株の方に人気が出てPが上がり、低ければ株が不人気になってPが下がるはずですので、結果的に**理屈上D／Pはrと同じになる**はずです。

「P＝D／r」という式は、「（株価の）配当割引モデル」と呼ばれ、金融・証券理論の基本中の基本とされる数式である。

金利と株価の関係

● 配当割引モデル(配当額が一定の場合)

金利と株価の関係を数式で表すと以下のような式で表される

$$株価(P) = \frac{配当額(D)}{金利(r)}$$

● 株価のモノサシとしての金利

金利が株式の収益率より高くなった場合	株式の収益率が金利より高くなった場合

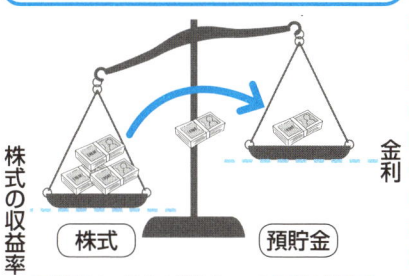 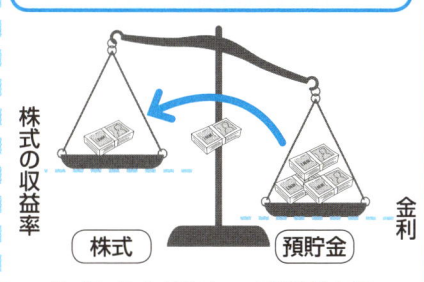

預貯金にお金が集まって金利が低下　　株式にお金が集まって金利が上昇

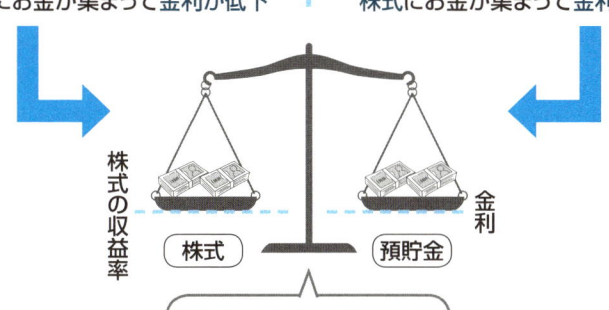

「金利≒株式の収益率」と
なるまで資金は移動する

Check

配当割引モデルの数式およびその考え方は、ほとんどすべての金融資産・投資商品の値段を考える際に応用ができます。基本的な発想は、「お金を銀行に預けて金利をもらった場合と比べてどちらが有利か」という発想です。銀行預金との競合関係で何かに投資することの有利・不利を考えることは、金利をモノサシに使って、何かに投資することの有利・不利を判断することでもあります。

現実世界での金利と株価の関係

POINT
- 現実には金利と株価の関係は一定ではない
- 配当と金利は同じ方向に動く場合がある
- 金利と株価の関係は経済の循環で変化

▶ 実際の金利と株価の関係は逆方向だけではない

　前項で説明した配当割引モデル「P＝D／r」という数式通りに株価が動いているかといえば、そのようなことはありません。単純にいっても、**株価と金利が理論通り逆に動くケースもあれば、同じ方向に動く場合もあります**。金融や投資の世界で最も基本となる理論ではありますが、現実にはほとんど通用しないといっても過言ではありません。

　配当割引モデルが示す理論的な関係と現実がしばしばズレてしまう原因は、式の中のDとr、つまり配当金額と金利が同じ方向に動くケースがあるから、言い換えれば**配当と金利が順相関となる**場合があるからです。

　PART1で示した通り、金利のうち実質金利の部分は経済活動の活発さと、予想インフレの部分は物価動向と連動します。企業の配当のもとになる利益も、**経済活動が活発になれば増えやすく、物価が上がっている場合の方が増えやすい傾向**がありますから、配当と金利が同じ方向に動く現象はしばしば起こりうることになります。

▶ 経済の循環の中の金利と株価

　配当割引モデルに示される金利と株価は逆方向の関係ばかりでないといっても、**これらが全く無秩序な関係というわけではありません**。金利が上下するサイクルと、企業の利益・配当が増減するサイクルがズレている場合、配当が減る効果を金利が下がる効果が上回って株価が上昇する局面も、配当が増加していても金利が上がる効果が勝って株価が下落する局面も現れることになります。

　利益・配当の増減に影響する経済活動の好調さ（景気）のサイクルと、金利の上下のサイクルをズラし、両者の関係を総合して株価が上がりやすい局面を図示すると、右ページの模式図のように表すことができます。

MEMO 金利低下が株価上昇に大きく貢献している状態を「金融相場」、利益・配当増加が株価上昇に大きく貢献している状態を「業績相場」と呼ぶ。

金利と利益・配当のサイクルと株価の関係

利益・配当の増減に影響する経済活動の好調さのサイクルと、金利の上下のサイクル、そして株価の関係は以下の模式図で表すことができる

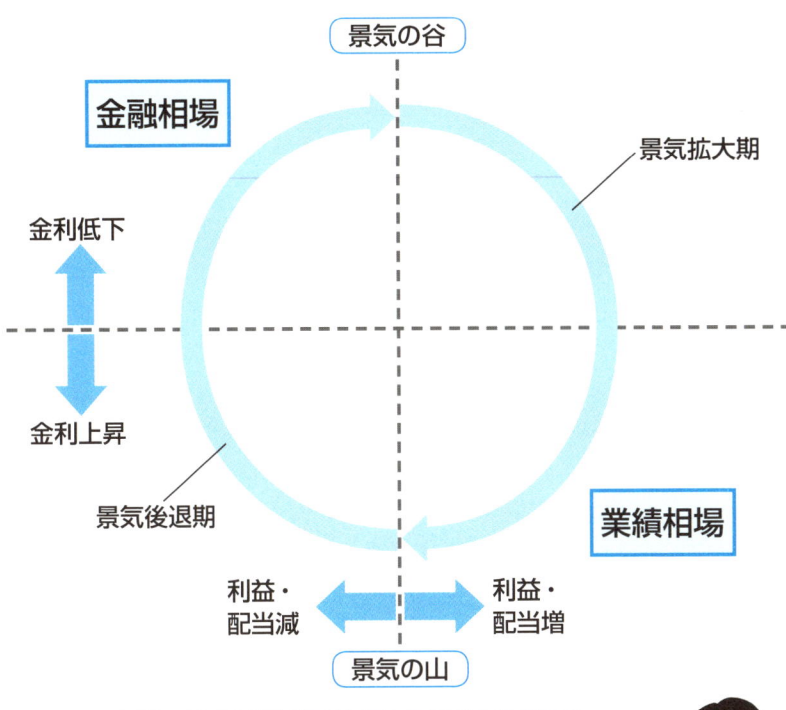

景気が低迷する中、金融政策によって金利が下がる「金融相場」の局面と、好景気により金利も上がる「業績相場」の局面は、株価が上昇しやすいとされています。

Ｃｈｅｃｋ

金利が上下するサイクル、利益・配当が増減するサイクルのどちらが先に動くかによっても、株価の変化の仕方は変わります。市場や金融政策の予見能力が高く、金利が先に動くようになると、利益・配当増加による株価上昇効果を金利上昇がいち早く打ち消す、利益・配当減少による株価下落効果を金利低下がいち早く打ち消すという形で、株価の変動は小さくなる可能性が理論的には生まれることになります。

理論から考える金利と為替の関係

POINT

- 為替レートは通貨間の金利差によって変動する
- 高金利通貨の為替レートが上昇するという金利平価説
- 金利の低い通貨で借り、高い通貨に投資するキャリートレード

▶ 為替変動の基本は金利の差

為替レートの変動を説明する経済理論は数多くあり、局面によって当てはまりの良い理論が目まぐるしく変わることから、専門家の間でも「何が基本理論であるのかの定説はない」といわれることがあります。ここでは、金利を用いて為替の変化を説明する考え方を基本的な理論と位置付けておきます。

その考え方は、例えば米ドルと日本円などの、**2つの通貨の金利の差に応じ、金利が高い方の通貨が上昇しやすい**というものです。経済学や金融論では「金利平価説」と呼ばれます。金利平価説の基本的な発想は、金利が高い通貨の方が金利の差の分だけ将来確実に増えることが予想されるので人気が高まって為替レートが高くなるというものです。

▶ 金利平価説に準じておこなうキャリートレード

金利平価説の考え方通りにお金を動かして利益を上げようとする投資行動のことを「キャリートレード」と呼びます。

具体的には、金利の低い通貨でお金を借り、金利の高い通貨に投資して（預けて）、一定期間後に金利の高い方の通貨から金利の低い通貨に戻してお金を返し、金利の差の分を利益として懐に入れるという取引のやり方を指します。一般には、**借りる方の通貨を語頭につけて「円キャリートレード」**といった呼び方をします。

このような取引が活発になればなるほど、金利の低い通貨を金利の高い通貨に交換しようというニーズが強くなることから、**金利の低い通貨に対する金利の高い通貨の為替レートが値上がりしやすく**なります。具体例を挙げれば、「ドル金利＞円金利」である場合、円キャリートレードが活発化した結果、ドル高・円安になりやすい傾向が生まれることになります。

MEMO PART2で説明した金利スワップに為替を絡め、ある通貨の固定金利と別の通貨の変動金利を交換する取引を「通貨スワップ（取引）」と呼ぶ。

キャリートレードのしくみ

● 現在

日本の銀行	米国の銀行

金利＝1%　　　　　　　　　　　　金利＝5%

 150万円借りる  1万ドル預ける

※為替レートが1ドル＝150円であるとする

 金利1.5万円払う 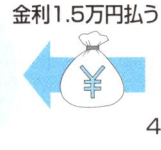 金利500ドルもらう

400ドル残る

● 1年後

 150万円返す  1万ドル返ってくる

円に換えると6万円の儲けが日米の
金利差を利用して出たことになるね！

 このような取引が活発化すると、円→ドルの交換需要が増え、ドルの価値が高まることから、ドル高・円安になりやすいです。

Check

金利平価説の結論は、2つの通貨の金利差と為替レートが連動しやすいというものですが、どの金利が連動するのか、具体的にはどの期間（満期）の金利差が連動しやすいのかについては、局面によっても違いがありますし、議論する人によっても結論が微妙に異なったりします。一般的には中央銀行が決めている金利そのものやその影響を受けやすい2年程度の金利との連動性が高いといわれています。

実際の金利と為替の関係

POINT
- 金利平価説とは異なる為替の動きがある
- インフレの差や経常収支なども為替レートに影響
- 戦争などのリスクを避ける動きでも為替は動く

◤ さまざまな為替レートの説明要因

　前述した金利平価説は、為替レートを説明する唯一の理論ではありません。実際に、金利の格差と為替レートが全くといって良いほどズレた動きをするケースも頻繁にあります。ここでは、金利平価説と矛盾した為替の動きを説明できる別の考え方を紹介します。

　第一に、**購買力平価説というインフレ（物価上昇率）の格差で説明する考え方**があります。インフレ率の低い通貨が上がりやすく、インフレ率の高い通貨は下がりやすいという考え方です。一般にインフレ率と金利は同方向に動く傾向があるので、金利平価説と矛盾する為替の動きを説明するにはある意味好都合ではあります。

　第二として、**貿易収支や経常収支など、ある通貨が通用している国の収支で説明する考え方**です。輸入などが多く赤字の国は、外国への支払いが多くなるので自国の通貨が下がりやすいという考え方です。一般に経済が活発なほど輸入が多くなる傾向がありますので、経済が好調で金利が上がっているのに通貨が値下がりすることを説明するうえではちょうど良い考え方ともいえます。

　取り上げてきた為替レートの説明理論は、単に当てはまりが良いからという理由だけで使うことは避けるべきです。一般には、**金利平価説が短期的な為替の変化を説明するのに有効**である一方、**インフレの格差や収支はやや長い期間を通じた為替の動きを説明する際に有効**であることが多いと考えられています。

◤ 為替をめぐるさまざまな通説

　金融市場にはこのほかに、為替レートの動きを説明する格言・標語のようなものもあります。**「有事のドル買い」や「リスク回避の円高」といったものが代表的です。**有事とは戦争などを指しますが、同時にリスクを避ける動きが強まる現象でもあり、戦争勃発のニュースで円高になったりすることもあります。

MEMO 大きな事件などを受け、市場がリスクを避ける方向に動くことを「リスクオフ」と呼ぶ。危険が去り、再びリスクのある市場にお金が流れることを「リスクオン」と呼ぶ。

金利差と為替の連動

● 米日の金利差とドル円レートの関係

※10年金利の場合

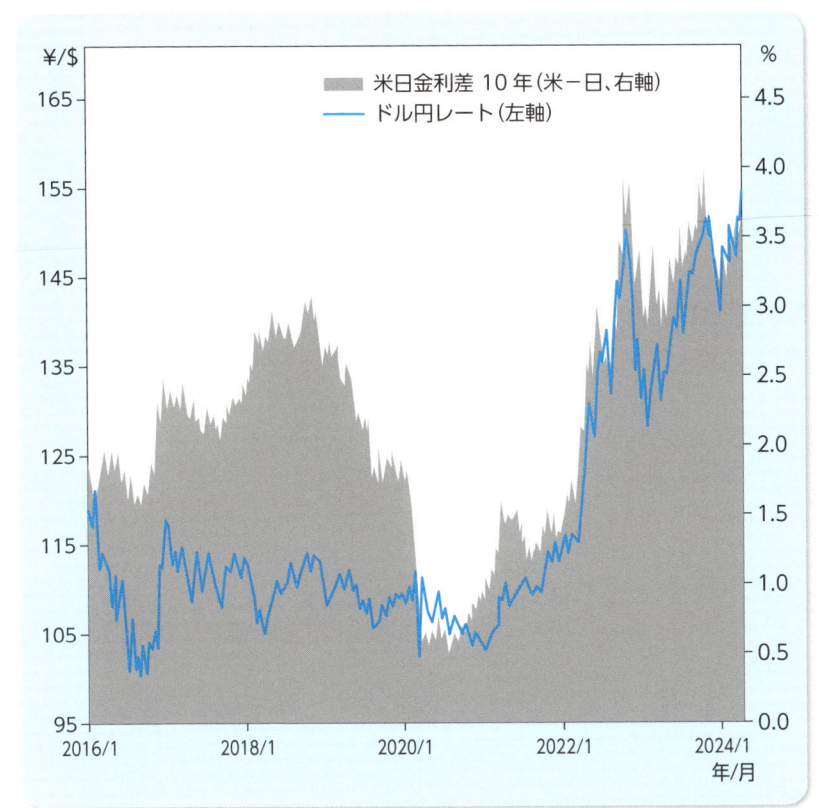

凡例:
■ 米日金利差 10 年（米−日、右軸）
― ドル円レート（左軸）

（横軸）2016/1　2018/1　2020/1　2022/1　2024/1　年/月

この図のように、2020年までは金利平価説の理論が当てはまらないような動きをみせていますが、直近は理論と一致するような動きがみられます。

Ｃｈｅｃｋ

経常収支や貿易収支で為替レートを説明する考え方は、「赤字だからその通貨が売られやすい」という印象から直感的には受け入れやすいといえます。しかし、貿易などで赤字になった分、裏側の金融取引で必ず同額の黒字（お金の受け取り）が生まれるので、為替レートには関係ない・影響しないという考え方も根強く残っています。この考え方を唱えた戦後日本を代表する経済学者の小宮隆太郎氏にちなみ、「小宮理論」と呼ばれています。

金利と不動産の関係は？

POINT
- 不動産も金利の変化から強い影響を受ける
- 不動産の賃料を配当と置き換えて考える
- 株価や為替以上に不動産は理論値から外れやすい

▶ 不動産も株式も金利との関係は同じ

　株式や為替と同様に、**金利の変化から強い影響を受けるものに不動産があります**。一見、お金よりモノに近いイメージのある不動産の値段が金利に影響されるというのは違和感があります。しかし、個人が居住用に保有している不動産ではなく、賃貸アパートやマンション（またはその土地）、オフィス、店舗などの商業用物件を連想すると、金利との関係について株価と同じ考え方が当てはまることがわかります。

　株価の決定式である配当割引モデル（P100）のうち、配当を表していたDの部分を、賃貸用不動産の賃料に置き換えると、**不動産価格と金利の関係を表す式**が完成します。

　配当やそのもとになる企業の利益と同じように、賃貸用不動産の賃料も金利と同方向に動く局面があります。また、不動産価格が金利と同方向に動く局面と、逆方向に動く局面の両方が現れることも株価と全く同じです。

▶ 株価、為替以上に理論から外れやすい

　一方で、不動産の値段は株価以上に前述の理論通りに決まらないケースが多くなるのも特徴です。

　株式の性質は当然、発行した企業ごとに異なるものですが、同じ企業が何株も発行していることや、市場において株式の売買は日に何万件もおこなわれることから、理論から外れた値段がつくと、高すぎる（安すぎる）と感じた投資家の売買によって、**理論に近いところに修正されるチャンスも多くなります**。

　しかし、不動産はそれぞれ形や面積も違えば、ビルなどを建てた場合の便利さも違います。また、ひとつの不動産の取引は数年に1度程度であるなど、**理論から外れた値段を修正するチャンスがほとんどない**ことになります。

　市場での取引回数の多さを、金融用語では「流動性」と呼ぶ。不動産は、典型的な流動性の低い資産であり、それが理論から外れた値段がつきやすい背景でもある。

金利とつながりのある不動産

● 不動産価格と金利の関係を表す式

配当割引モデルを応用して、不動産価格と金利の関係を表すことができる

$$不動産価格 = \frac{賃貸用不動産の賃料}{金利}$$

● 不動産（から得られる収入）と金利の関係

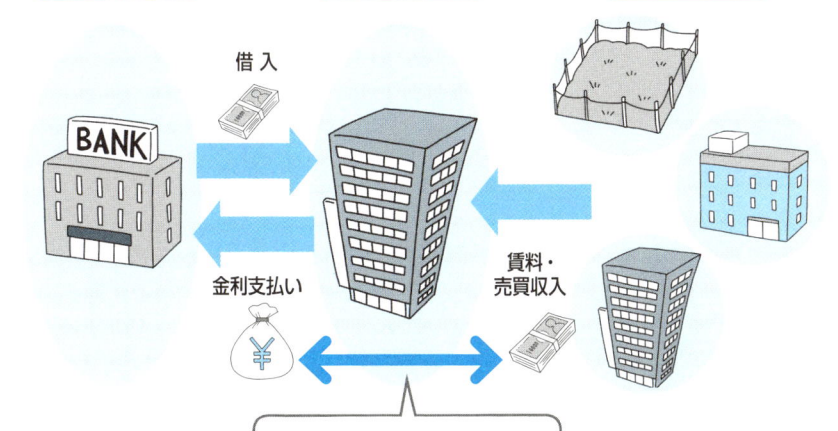

| 銀行 | 不動産会社 | 保有不動産 |

借入

金利支払い

賃料・売買収入

この差が不動産会社の利益となる

このように不動産も金利と強く関係していますが、不動産の取引回数は株式取引と比較すると少ないので、理論から外れやすい傾向があります。

Check

不動産を貸す商売をする不動産会社は、1件1件の値段が大きい不動産そのものが仕入れ品と売り物であり、さすがに自分のお金だけで商売を続けていくことはできず、お金を借りて商売することがむしろ普通です。ほかの業界に比べて、より金利に敏感になりがちな業界です。逆にいえば、金利より不動産から上がる利益の率が少しでも上回りさえすれば、うまみのある商売でもあるといえます。

金利を使って利益を増やす「レバレッジ」

- レバレッジとは金利を利用し利益を増幅すること
- 意図的に借金して利益を拡大するレバレッジ効果
- レバレッジ効果は借りすぎを招く要因にもなる

▶ 金利が関わる利益増幅装置

金利に関する重要な機能のひとつとしてレバレッジがあります。レバレッジとは、直訳すればテコまたはテコの原理の意味です。金融の世界で使われる場合には、**金利や借金の力を使って利益を増幅する**といった意味で用いられます。たとえ、自己資金が十分ある場合でも、**意図的に借金をして金利を払った方が利益（正確には利益率）を大きくできるという原理を「レバレッジ効果」と呼んでいます。**

右ページの例で挙げているのは1,000円投資すると20円儲かる事業の例です。1,000円をすべて自己資金で事業をおこなうと利益の割合（利益率）は2%となります。ところが、仮に1,000円の自己資金があっても、あえてこのうち800円分は借入で賄うことにします。金利が1%だとすると、20円の配分は、金利の支払いが8円、利益は12円となり、自己資金として投じた200円に対する利益率は6%となります。いくら事業を拡大しても同じ率で利益が出るのであれば、自己資金1,000円、借入4,000円で投資した場合、手取りの利益は60円と、全く借入をしない場合の3倍にすることができます。

▶ 金利が低いほどレバレッジ効果は大きい

もとより土地など不動産の仕入れのために借入が必須となる不動産業界は、レバレッジの効果を通じた利益増幅の恩恵を最も受けやすい業界であるといえます。前述の例からもわかる通り、事業本来の利益率に比べ**金利が低ければ低いほど、レバレッジの効果は大きく得られます。**

不動産業で成功するカギのひとつは、いかに安い金利でたくさんの資金を借りるかです。借入負担が重く支払い・返済能力の不安が高くなるとリスクプレミアムが拡大して、金利が高くなるという基本的な性質があることを踏まえると、多くの借金を安い金利で借りることは簡単ではありません。また、借りるほど儲かる構図は、借りすぎを招く要因にもなり得るのです。

MEMO 逆に動く性質を持っている金利と株価だが、その性格が強いものを「金利敏感株」と呼ぶ。不動産会社の株式は、その事業の性格から典型的な金利敏感株となる。

レバレッジ効果のしくみ

● **すべて自己資金で事業をおこなう場合**

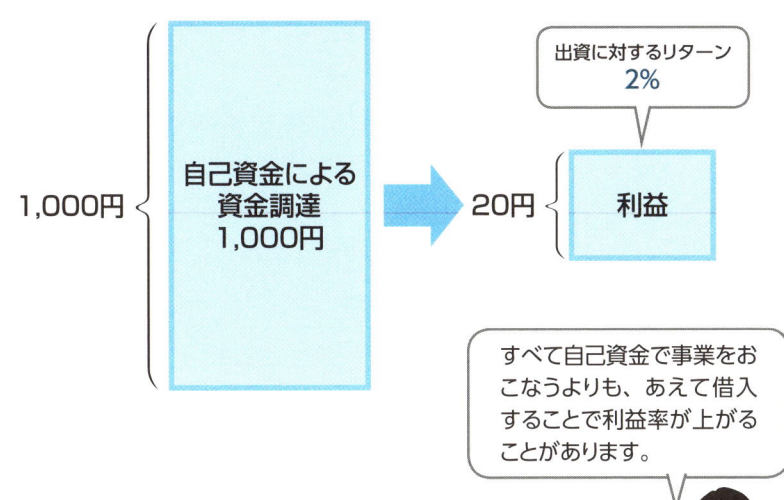

1,000円 ⎰ 自己資金による
資金調達
1,000円

➡ 20円 ⎰ 利益

出資に対するリターン
2%

> すべて自己資金で事業をおこなうよりも、あえて借入することで利益率が上がることがあります。

● **自己資金と借入資金で事業をおこなう場合**

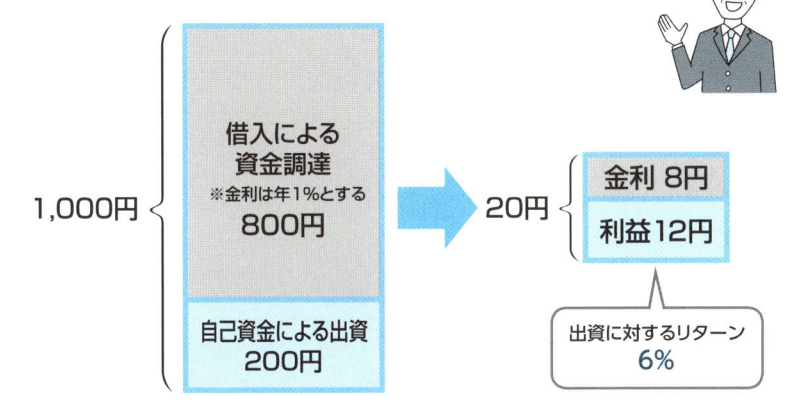

1,000円 ⎰ 借入による
資金調達
※金利は年1%とする
800円

自己資金による出資
200円

➡ 20円 ⎰ 金利 8円
利益12円

出資に対するリターン
6%

Check

不動産会社は、土地などを仕入れてから売れるまでの期間が長い、賃料を得るために賃貸ビルなどを自己保有し続ける期間も長いという特徴から、自ずと借入の期間もほかの業界に比べ長くなりがちです。この点で不動産会社にとってより重要なのは、短期金利が低いことよりも長期金利が低いこと、長期金利が低い局面を見極めて、いかに多くの資金を借りるかであるといえます。

バブルの犯人は金利だった？

POINT
- バブルとは理論値を外れた資産価格の上昇
- 低すぎる金利がバブルの原因となる
- 株や不動産の値上がりが止まるとバブルが崩壊

▶ 低金利はバブルを起こす要因になる

「不動産バブル」や「株価バブル」といった言葉があります。バブルとは直訳すれば「泡」のことですが、金融の世界では**理屈・理論では説明がつかないほどに膨れ上がった資産の値段**の意味で使われます。日本の場合、1980年代の後半から1990年にかけて株式市場や不動産市場でバブルが発生しました。

低金利はバブル発生の原因になることがあります。日本の過去の株価、不動産バブルについても、**経済や物価の実態と比べて金利が低すぎたことが一因であった**という考えが定説になっています。

金利とバブルをつなぐメカニズムは前項で説明したレバレッジの原理にあります。借りた方が儲けが大きくなり、その儲けは金利が低いほど大きくなるという、レバレッジの性質が多くの人々や企業にはたらくことで、どんどん借金をして株や不動産を買う、多くの人が買うため値段が上がる、値上がりによる儲けを期待してさらに借金が膨らむという循環を生み出すことになります。

▶ 値上がりを前提にした借金が落とし穴に

株や不動産が値上がりするため、いくら借金しても大丈夫だという循環は、誰かが株や不動産がいくら何でも高すぎるのではないかと疑問を持ち始めた瞬間に終わりを迎えることになります。株式の配当や不動産の賃料で金利を払うのではなく、値上がりした株や不動産を売って金利を払い、借金を返す前提で動いた人が増えてくると、**株や不動産の値上がりが止まった瞬間にすべてが逆回転をはじめる**ことになるためです。**これをバブル崩壊と呼びます。**

バブルが崩壊したあとに残るのは、買い手のつかなくなった株や不動産（そのため値下がりする）であり、返すあてのなくなった借金の山ということになります。バブル崩壊後は、借金を返すために株や不動産をいち早く売ろうとして値段が下がり、それがさらに借金返済を難しくするという悪循環が続きます。

MEMO いくら金利が低くても皆が理論に忠実に動けばバブルは起きない。市場において何が正しい値段なのかみえなくなっている状態を「不完全情報（の状態）」と呼ぶ。

バブル発生と崩壊のメカニズム

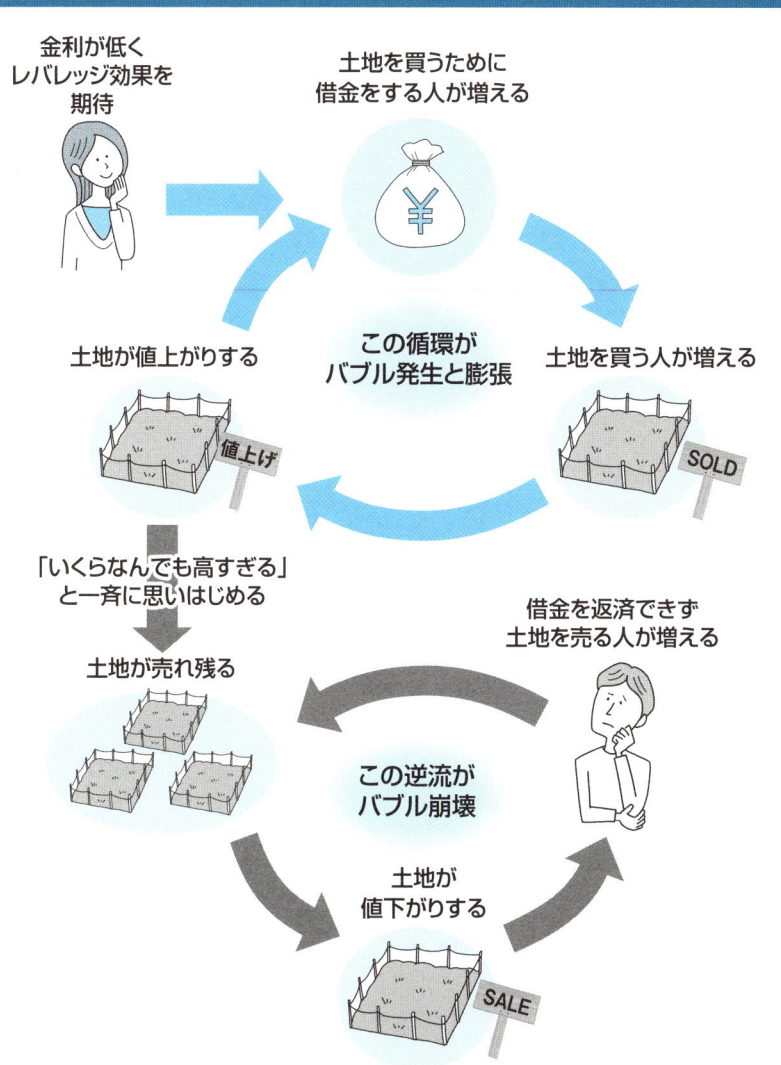

金利が低く
レバレッジ効果を
期待

土地を買うために
借金をする人が増える

この循環が
バブル発生と膨張

土地が値上がりする

値上げ

土地を買う人が増える

SOLD

「いくらなんでも高すぎる」
と一斉に思いはじめる

土地が売れ残る

借金を返済できず
土地を売る人が増える

この逆流が
バブル崩壊

土地が
値下がりする

SALE

値上がりだけを目的に購入された資産（不動産など）は、本来の有効な使い方をさ
れず、転売だけのために所有されることが多くなります。日本のバブル崩壊後に「幽
霊ビル」などと呼ばれ、廃墟のような建物が現れたのはこのためです。2024年
現在不動産バブル崩壊が懸念されている中国では、建設途中や完成しても誰も住
んでいないようなマンションが「鬼城」と呼ばれて問題になりはじめています。

金利は監視役としての役割も持つ

POINT

- 金利には「必要悪」としての存在価値がある
- 借金をした方が会社が効率的に運営できる場合も
- 金利には経営者を監視する機能がある

◢ 負の側面が目立つ金利が存在する理由

このPART3で説明した金利の機能や役割の中には、むしろ金利などない方が良いのではないかと思わせるものもありました。金利の存在が障害になってベンチャー企業やスタートアップが育たない例はそのひとつであり、金利が低すぎるとバブルを発生させてしまうという事例もありました。

金利が本当に障害にしかならない悪者ならば、出資という資金の調達方法のある世の中の企業は借金などしないでしょう。それでも借金でお金を調達するのは、すでに説明したレバレッジ効果というメリットがあるためですが、そのほかにも、本来、邪魔者である金利をあえて**必要悪と割り切って借金をした方が、会社が効率的に運営できる**という側面もあります。

◢ 借金している経営者の方が怠けない

一般に、株式などを買って企業に出資してお金を提供している人と、経営者は別人です。出資してお金を出した人は、企業の経営者が本当にお金を有効に使って利益の出る経営をしているか確かめる術がありません。このとき、企業が出資と同時に借金という形でも資金を調達してくれると、一定期間ごとの金利の支払いが発生し、その義務を果たせない企業は倒産して経営者は会社を追われることになります。出資した人にとっては、企業に借金させ金利を払わせることで**半自動的に経営者が怠けないように監視できる**ことになります。厳密にいえば、株式を通じて出資した人には、株主総会の場で経営に意見を表明し、経営者を任命したり、解任したりできる権利がついてきます。しかし、この権利は完全ではありません。株主総会での決定事項は多数決が原則のため、自分の意見が反映されるとは限らないためです。

金利は、**出資や株式に備わっている経営者を監視する機能を補う**という重要なはたらきをしてくれることになります。無借金で経営する企業が少ないのは、必要悪としてあえて金利を払った方が合理的だからとも考えられます。

MEMO 出資した人が経営者を完全に監視できないことを「エージェンシー（代理人）問題」と呼ぶ。本人が経営せず代理人に任せると、怠けることを完全に防げないという問題を指す。

金利が持つ経営者への監視機能

滞りなく金利を支払える
勤勉な経営者

借入金

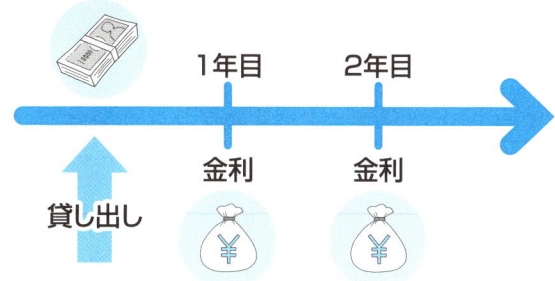

1年目　　　2年目

貸し出し

金利　　　金利

銀行・投資家

金利を支払えず
倒産を招く
怠惰な経営者

金利　　　金利

貸し出し

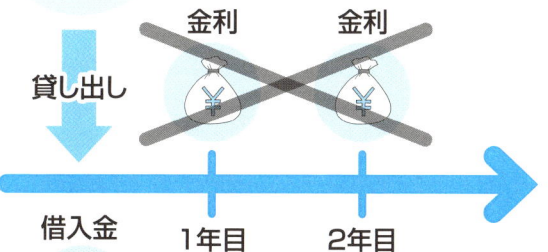

借入金　　1年目　　　2年目

銀行や投資家からお金を借りていながら経営を怠けていると、金利が払えなくなり企業が倒産してしまうため、経営者は怠けることができなくなります。

Check

定期的に金利の支払いが生じる借金をすると経営者が怠けられず、出資した人にとって半自動的な監視役になります。このように、金利が果たす監視機能のことを「モニタリング機能」とも呼びます。赤字を出すと金利が払えず企業が倒産してしまうというデメリットを逆手にとると、経営者が怠けずに利益を出し続けるような経営をするためのムチの役割をしてくれるというわけです。

ゼロ金利がゾンビを生む

- ●ゾンビ企業とは利益が不十分ながら倒産しない企業
- ●低金利はゾンビ企業を増やす原因にもなる
- ●低すぎる金利は経済を衰退させる側面ももつ

◤ 低金利に甘えて生き延びるゾンビ企業

前項で説明した金利の監視（モニタリング）機能は、金利が存在しさえしていればはたらくとは限りません。**経営者が大して努力もせず、ごくわずかの利益さえ出していれば払える程度の極めて低い金利ならば、金利が存在していても、その監視機能は発揮されない**ことになります。

そして、金利が低すぎてその監視機能が有効にはたらかず、**利益を十分生み出せないにも関わらず倒産もせず生き延びてしまう企業のことを「ゾンビ企業」と呼ぶ**ことがあります。

このあとのPART4やPART5で説明する日本銀行の金融政策が、長らく「ゼロ金利」と呼ばれるような低金利が継続する状態を作り出しました。そのため、ゾンビ企業の存在やそのような企業の大量発生は、日銀ないし、その金融政策に対する批判として議論されることもあります。

◤ 低すぎる金利は経済を衰退させる恐れがある

レバレッジの項で説明した通り、企業は金利が低い方がより積極的に投資をし、事業を拡大する意欲を持つことになります。経済を活発化するためには、金利が低い方が良いことに違いありません。ところが、低すぎる金利は、企業の投資や事業拡大の行き過ぎを通じてバブルを起こしてしまうという問題と同時に、**利益が出せない非効率な企業を増やしてしまう**という真逆の副作用を持つことになります。

このような低金利の副作用がさらに拡大していくと、経済全体としてゾンビ企業ばかりがはびこることになり、またそのことを通じて、**経済全体が衰退する可能性も生まれる**ことになります。

PART4で説明する金融政策は、金利を低くして経済を活性化するという重要な役割を負っているはずですが、それが行き過ぎると、かえって経済を衰退させる可能性があるという問題も意識しておく必要があるでしょう。

MEMO 本来は人体の自浄作用を指す用語の「新陳代謝」だが、経済・金融用語としては「不健全な企業が退場し、健全な企業が残ることで経済が再活性化していく様子」の意味で使われる。

金利と企業倒産の関係

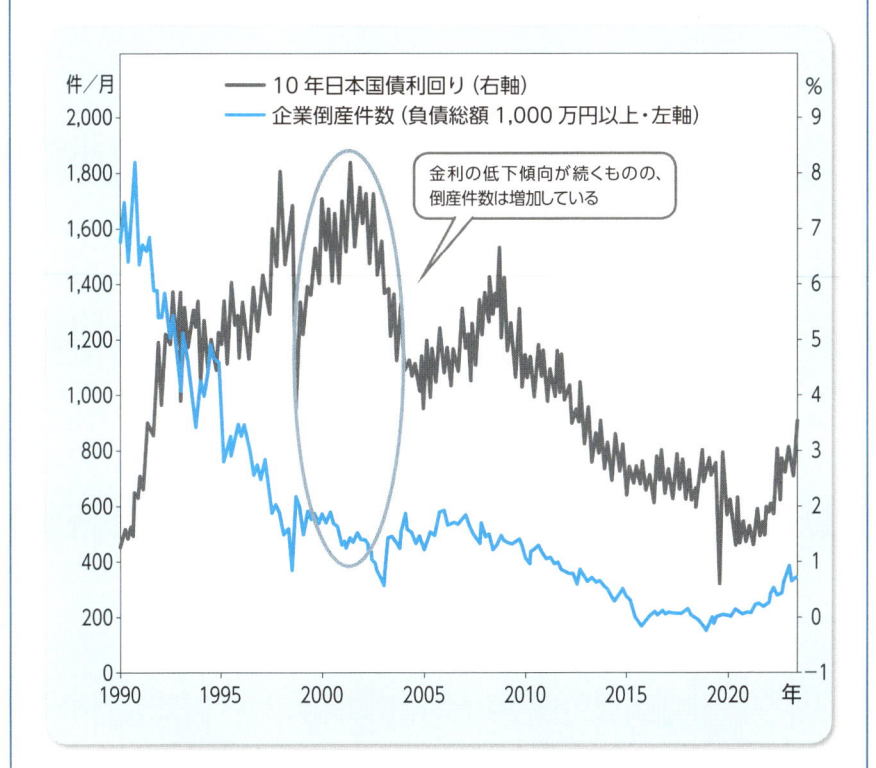

- 10年日本国債利回り（右軸）
- 企業倒産件数（負債総額1,000万円以上・左軸）

金利の低下傾向が続くものの、倒産件数は増加している

ゾンビ企業の増加は、金利が下がっている局面で倒産が減っている状態と表されます。ただし、金利が下がっている局面は経済状態が悪い局面でもあるため、倒産が増えているケースも多く、金利とゾンビ企業増減の関係は判然としません。

Q&A

Q ゾンビ企業が増える傾向になるタイミングなどはあるのですか？

A 歴史的にみると、経済危機や金融危機が終わった直後にゾンビ企業の発生が問題になるケースが多いといえます。経済活動の悪化を反映して金利が下がるだけでなく、経済の立て直しのために金融政策が人為的な低金利を実現することが多い一方、そうした低金利そのものが、経済危機や金融危機で瀕死の状態になった企業を延命させているようにもみえるというのが理由であると思われます。

金利には利点も欠点もある

POINT
- 金利が持つ同じ機能が利点や欠点となる
- 企業を活性化も停滞もさせる効果を持つ金利
- 出資と借金は互いを補い合う関係を持つ

▶ 二律背反的な側面を持つ金利の機能

　PART3で説明してきた金利の機能と役割について、利点・欠点を対比させながら再度整理します。金利の持つ機能は、ときに利点となり、また別の機会には欠点となるなど、**二律背反的な側面を持っている**のが特徴といえます。

　金利の欠点としては、定期的な支払いが要求されるために、初期段階で赤字になりやすいベンチャー企業やスタートアップなど事業の成長の芽を摘んでしまう問題がありました。しかし、定期的な支払いがあるという同じ特徴が、経営者が怠けないように監視するモニタリング機能を果たすという側面もあります。同じ特性が二律背反的な機能、効果を持つ一例であるといえます。

▶ 金利には企業を活性化する機能と停滞させる効果がある

　金利の支払いを伴う借金を、あえてすることによって、自己資金の利益（率）を増幅できるというレバレッジ効果についても説明しました。金利が低くなればなるほど、厳密には、事業本来の利益率との差が大きいほど、レバレッジ効果は発揮されやすいという特徴もあります。レバレッジ効果は、いわば**企業がより積極的にリスクを取って事業を活発におこなうように煽る効果**でもあるといえます。ところが、同じように金利が下がった場合の方が成績の悪い企業を生き残らせやすくし、いわゆるゾンビ企業を生み出してしまうという欠点を伴うのも事実です。これも金利が持つ二律背反的な側面の表れであるといえます。

　このPART3では、金利が持つ欠点を補う役割を果たすものとして、株式購入などを通じた出資についても説明しました。一方で、**出資には出資した人だけでは企業の経営者をしっかりと監視し真面目に経営に当たらせるには不十分である**という欠点もあります。金利の支払いによる経営監視機能が、この欠点を補う役目を果たすというのは皮肉でもあります。

　MEMO　企業が資金を調達する際の、出資と借金の割合を「資本構成」と呼ぶ。金利の利点と欠点のバランスにより、企業には最適な資本構成が存在する可能性があるともいわれる。

金利のメリットとデメリット

金利の 機能・役割	メリット	デメリット
定期的な支払い （返済）	・経営者への監視機能が はたらく	・スタートアップ企業を倒 産させてしまう可能性
レバレッジ効果	・企業がリスクを取った 事業展開を促進する	・資産バブルの原因となる ・ゾンビ企業を生む

金利の二律背反的な側面を整理して理解することで、金利の性質をより効果的に活かすことができます。

Ⓒⓗⓔⓒⓚ

金利の利点と欠点を最適にする借金の仕方は、企業のタイプによって異なります。ベンチャー企業などは、金利の欠点が大きく出ますので、借金は極力しない方が良いことになります。また、創業者の出資割合が大きいオーナー企業は、経営を怠けたツケはオーナーが自分で払うことになるため、金利のモニタリング（監視）機能を使う必要は薄いことになります。

金融の垣根を壊す「ハイブリッド商品」

PART3では、金利の持つ基本的な特徴・性質が、事前に契約で決まっていた元本に対する比率での定期払いを求められる点にあること、そして、そうした特徴や性質が、長所にも短所にもなり得ることを解説しました。一方、金利の持つ欠点の一部を解消する別の選択肢として、出資による金融や配当といったものがあることも説明しました。

近年の金融技術の発達は、このような金利と配当の垣根を曖昧なものにしはじめています。その一例が、「仕組み債券（略して仕組債と呼ばれることが多い）」と呼ばれる金融商品です。

PART2で解説した通り、債券は一定期間ごとに一定の固定された金利（クーポン）の支払いがおこなわれるという性質を持った金融商品です（P66）。仕組債は、債券の持つ基本的な特徴をさまざまな点で覆すものです。金融技術の発達によって極めて多種多様な商品の設計が可能になっているため、ここですべてを挙げることはできませんが、そのうちの一部を紹介します。

事前に決められた固定金利という本来のクーポンに代えて、一定の条件の下で事後的に金額が変動するクーポンの支払いがおこなわれる債券があります。条件に組み込まれるのも株価、為替レートなどさまざまなバリエーションがあります。

一方、クーポンは事前に決まった固定金額でありながら、株価や為替レートなど一定の条件のもとで元本の性質を大きく変えてしまう仕組債もあります。例えば、株価が一定水準を下回ると、元本が返済（償還）されるのではなく、株式（またはその時点での株価で算出された金額）が渡されるもの、市場金利や株価や為替などにおいて一定の条件が満たされると、約束の時期が到来していなくても債券が自動的に満期を迎え償還されてしまうものなどがあります。

歴史的には、固定された金利の支払いを伴うお金の貸し借りと、成功報酬的な性質を持つ配当の支払いを伴う出資という2つのタイプの「金融」が出発点となってきました。そして、この2つがお互いにそれぞれの長所短所を補いながら、経済や社会の発展を支える金融の主役となってきました。近年の金融技術の発達は、これらの垣根を壊し、乗り越えてしまうことを可能にしはじめています。金利と配当、債券と株式といった伝統的な金融の垣根を壊し、混在させた仕組債のような金融商品のことを「ハイブリッド（合成）商品」と呼びます。自動車の世界で、エンジンと電気モーター両方での駆動をおこなうハイブリッド車が生まれたのと似たことが金融の世界でも起きているといえます。

PART 4

金融政策のはたらき

中央銀行は金利を用いて経済をコントロールする機能を果たしています。その中央銀行が担っている具体的な役割やはたらきについて学び、金利との関係を理解しましょう。

中央銀行は健全な経済活動を促進する

POINT
- 日本銀行は紙幣を発行するだけではない
- 日本銀行の目的は健全に経済を発展させること
- 中央銀行のはたらきと金利の関係に着目

日本銀行の役割は紙幣の発行だけではない

2008年に起きたリーマンショック以降、経済や金融の専門家以外でも「ゼロ金利政策」や「マイナス金利政策」が少なからず話題にのぼるようになりました。中央銀行（日本では「日本銀行」）が実施している金融政策と、その金利へのはたらきかけに対する関心が高まった証拠でもあります。

日本銀行は、一般には「日本銀行券」、つまり紙幣を発行している特別な銀行と認識されているケースが多いものと思われます。

日本銀行WEBサイトのトップページには、「日本銀行は、物価の安定と金融システムの安定を目的とする、日本の中央銀行です。」と記載されています。日本銀行法の第一条に「日本銀行は、我が国の中央銀行として、銀行券を発行するとともに、通貨及び金融の調節を行うことを目的とする。」とありますので、**銀行券の発行も重要な仕事**には違いありません。一方、第二条には「日本銀行は、通貨及び金融の調節を行うにあたっては、**物価の安定を図ることを通じて国民経済の健全な発展に資する**ことをもって、その理念とする。」と記され、日本銀行の本来の役割は、紙幣の発行とは違ったところにあることがわかります。

中央銀行のはたらきと金利との関係

日本銀行は本来の目的である「物価の安定と金融システムの安定」を実現するために何をしているのか、また、それと「ゼロ金利政策」「マイナス金利政策」などの金融政策、あるいは金利そのものがどのように関連しているのかが一般的に十分理解されているとは言い難い状況です。

PART4では、身近な日本銀行を例として、中央銀行が金利とどう関わり、金利を通して「物価の安定と金融システムの安定」といった目的をどのように実現しているのか、順を追って説明していきます。

日本銀行が担う役割

紙幣の発券

日本銀行は国内の紙幣である「日本銀行券」を発行する唯一の機関

日本銀行券

銀行の銀行

民間銀行からお金を預かったり、貸したりすることで民間銀行どうしのお金のやり取りを円滑化する

民間銀行

政府の銀行

政府からの預金を預かり、国のお金の出入りを管理する

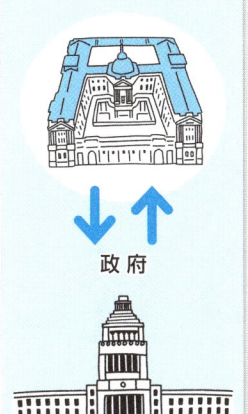

政府

Q&A

Q 日本の通貨を発行しているのは日本銀行のみですか？

A 日本で通用する紙幣「日本銀行券」を発行しているのは日本銀行です。そして、紙幣を印刷しているのは「独立行政法人国立印刷局」という機関です。また、同じお金でもコイン(貨幣)の方は、日本銀行ではなく政府が発行しています。それを製造しているのは「独立行政法人造幣局」という機関で、いずれも国や政府に近い組織です。

金利を操作する金融政策

POINT

- 金融政策とは「通貨及び金融の調節」にあたるはたらきのこと
- 金利の操作は金融政策の中核
- 金利を人為的に操作することは可能

◤ 金利の操作は金融政策のひとつ

　日本銀行の理念が「物価の安定を図ることを通じて国民経済の健全な発展に資すること」であるとして、それをどのようにして実現するのかが問題です。日本銀行法上、「我が国の中央銀行として、（中略）、通貨及び金融の調節を行う」と記載されるうち、**「通貨及び金融の調節」にあたるはたらきのことを「金融政策」**と呼んでいます。

　金融政策には、まさに「通貨及び金融の調節」に関連してさまざまな要素や手法があります。その**中核となるのが金利の操作**であり、PART 2で説明した市場金利（P74）を人為的に上下させることが「物価の安定を図る」という目的を達成するための中心的な手段となっています。

◤ 中央銀行は金利を人為的に操作できる

　金利を人為的に上下させることがなぜ物価の安定に結び付くのかは、このPART 4で解説していきます。一方で、PART 1において「お金の値段」であり、お金の余り具合によって決まっていると説明した金利が、なぜ中央銀行によって、人為的に操作できるのかについて、疑問が生じた人もいるかもしれません。

　少しだけ先に説明しておくと、金利がお金の値段としてお金の過不足に応じて決まることと、それを人為的に操作できることとは必ずしも矛盾しません。それは、**お金の過不足を人為的に操作することが可能**だからです。ただし、お金が余っているか・足らないかを人為的に操作するためには、一般にはあまり知られていない特殊なテクニックが必要なのも事実です。日本銀行や世界の中央銀行は、その技術を持っている特殊な銀行であるといえます。このお金の過不足や金利を操作するテクニックについて、このPART 4で具体的に説明していきます。

MEMO 新聞記事などで時々「政府の金融政策」と書かれることがあるが、正確ではない。金融政策の責任者は、一般に各国の政府ではなく中央銀行。

中央銀行が金利を操作するしくみ

日本銀行
（中央銀行）

お金の過不足を操作

金融市場

**金利が
決定**

中央銀行は金融市場のお金の過不足を調節でき、それによって市場における金利が決定し、経済全体へ影響を与えることができます。

Check

金融政策は、一般に、中央銀行のトップ（日本銀行であれば総裁）が1人で決めず、複数の幹部からなる会議で決めていることがほとんどです。日本銀行の場合は、金融政策の決定は多数決であり、総裁や副総裁であっても持っている票は1票ですので、総裁が反対した政策が決定される、ということも理屈上はあり得ます。

金融緩和と金融引き締め

POINT
- 金利を下げるのが金融緩和・上げるのが金融引き締め
- 金融緩和と金融引き締めで経済をコントロールする
- 中立金利を基準に金利を操作する

◤ 金利の操作は経済に対するアクセルとブレーキ

　金融政策を通じて、金利を下げるようにはたらきかけることを「金融緩和」、金利を上げるようにはたらきかけることを「金融引き締め」と呼びます。

　金融緩和と金融引き締めは、車のアクセルとブレーキに例えることができます。経済が活発に動くようにアクセルを踏む操作が金融緩和であり、経済活動を鎮めるためにブレーキを踏む操作が金融引き締めです。

　金利の上げ下げがなぜアクセルやブレーキになるかについては、お金をほかのものに使う場合との比較で、金利の上げ下げによってお金の魅力を増やしたり減らしたりすることができるからと考えると、わかりやすいでしょう。金利を上げ、お金のまま持っておきたいと思わせれば、お金がほかのことに使われにくくなり、経済活動が鈍ります。逆に、金利を下げ、お金を持っておくよりもほかの使い道が良いと思わせれば、経済活動が活発になります。

◤ 「中立金利」が基準となる

　どのくらい金利を上げ下げするとアクセルとブレーキの切り替えになるかについて、**金融政策を評価するときに一般的に使われる考え方が中立金利というものです**。中立金利は、車にたとえればニュートラルポジション、つまりアクセルもブレーキも踏まず車が惰性で走っている状態を意味します。**中立金利より金利を下げていくのが金融緩和、金利を上げていくのが金融引き締め**と位置付けられます。

　難しいのは、中立金利は、中央銀行（日本銀行）を含めて誰の目にも見えない架空の概念であるところです。基本的な考え方は、**経済の状態をこれ以上良くも悪くもしない金利が中立金利**だということです。一般には、その国の労働者や企業の設備をフル稼働した場合の経済成長率に、その状態で安定して実現するインフレ率を足し合わせたものが、概ね中立金利に一致すると考えられます。

用語 潜在成長率：本文で述べた「その国の労働者や企業の設備をフル稼働した場合の経済成長率」という架空の概念のことを「潜在成長率」と呼ぶ。

金融緩和と金融引き締めの影響

中央銀行は中立金利を軸として、金利を上げ下げすることで、経済活動の活発化や鎮静化を促す

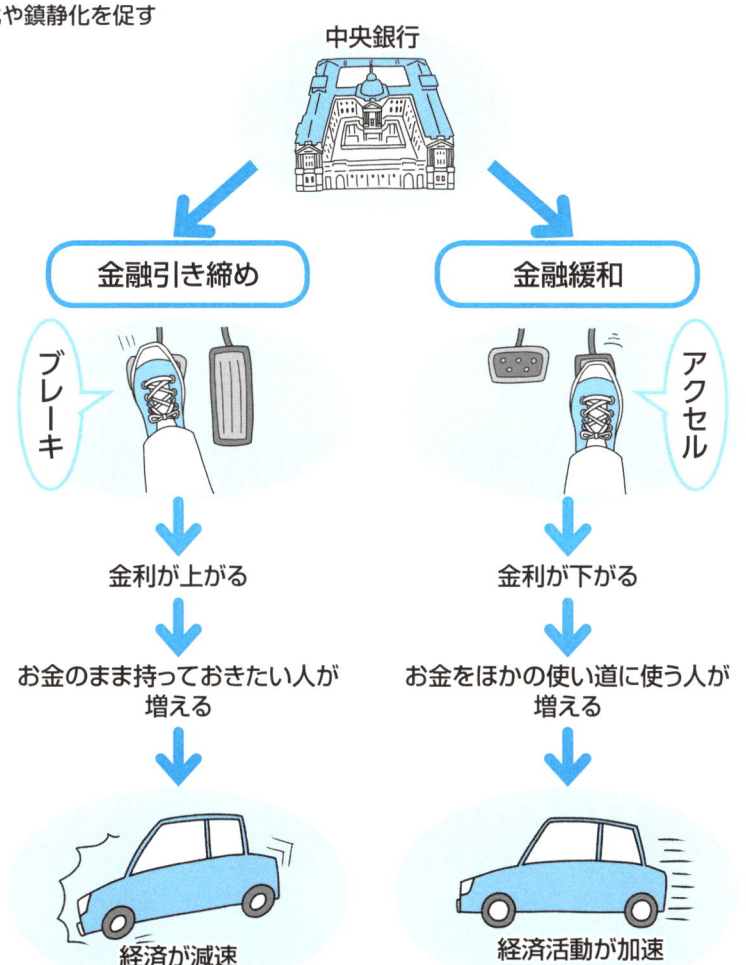

中央銀行

金融引き締め　　　**金融緩和**

ブレーキ　　　　　　　　アクセル

金利が上がる　　　　　　金利が下がる

お金のまま持っておきたい人が増える　　　お金をほかの使い道に使う人が増える

経済が減速　　　　　　　経済活動が加速

Check

中立金利のベースとなる潜在成長率や、それに対応した安定的なインフレ率は、その国のさまざまな条件に応じて時間とともに変化します。最もわかりやすいのは人口の状態で、人口が減りはじめて労働力が減ると潜在成長率が下がり、中立金利も下がりやすくなります。日本銀行を含む中央銀行の腕の見せどころは、中立金利をできるだけ正しく推定し、それに基づいて適切に金利を上げ下げするところにあります。

物価上昇率年2%が政策の目標

POINT
- ● 物価が安定しないと経済成長を妨げる恐れがある
- ● 物価が年2％上昇する状態が物価の安定とされる
- ● 物価上昇率年2％は金融緩和ののりしろになる

多くの中央銀行が年2％の物価上昇を目標とする理由

日本銀行に限らず、多くの中央銀行が物価の安定を目標に掲げる理由は、物価が安定した状態でないと家計の生活設計や企業の経営判断の見通しが立てづらくなり、そのことが**経済の拡大や成長を妨げる恐れがある**ためです。金融政策における、日本銀行を含む多くの中央銀行が、「物価が安定した状態」の具体的な姿として年2%程度の物価上昇を掲げています。その理由について、一般に指摘される説明は、主に以下の2点です。

1つ目は、物価統計に含まれるバイアス（歪み）を考慮すると、**年2%程度が物価が上がりも下がりもしていない状態に近い**とする考え方です。特に、過去のある時期の平均購入額を基準とする統計の作り方をした場合、「値上がりしたものの売れ行きが落ちる」という傾向を踏まえると、統計が実態より高めに現れてしまう歪みが生じるからです。

実質金利をマイナスにするための年2％

もうひとつの理由は、**金融政策を緩和するときののりしろを十分確保する狙いがある**ためです。近年おこなわれた「マイナス金利政策」（P160）という特殊な例を除けば、金利は0%までしか下げられないのが普通です。ところが、金利を0%まで下げてもお金の人気が落ちず、人々がモノを買ったり投資をしてくれなければ、それ以上は経済を活発化して物価を上げることはできなくなってしまいます。しかし、物価に年2%くらいののりしろがあれば、物価上昇を差し引いた**見かけの金利（実質金利）はマイナスにする**ことができ、人々をお金から引き離す余地が生まれることになります。

このことから、**実は金融政策において意味をなすのは実質金利**だとわかります。金融政策は物価上昇率を差し引いた実質金利を中立から上下させることで、物価にはたらきかける操作をしているともいえます。

MEMO 物価上昇率（正確には予想インフレ率）を差し引いた中立金利のことを「自然利子率」と呼ぶ。金融政策は実質金利を自然利子率に対して上げ下げする操作といえる。

物価統計に生じるバイアス

1年前	現 在
商品AとBを100個ずつ購入	値上がりに伴って、商品Bの購入個数が4%減った

1年前

商品A

 ×**100**個

100円

商品B

 ×**100**個

100円

商品Bが4%値上げ →

現 在

商品A

 ×**100**個

100円

商品B

×**96**個

104円

● 物価統計上は購入比率が固定して計算される

1年前	現 在
$\dfrac{100円×100個+100円×100個}{100個+100個}=100円$	$\dfrac{100円×100個+104円×100個}{100個+100個}=102円$
	物価は2%上昇したといわれている

● 実際の購入個数で計算すると

1年前	現 在
$\dfrac{100円×100個+100円×100個}{100個+100個}=100円$	$\dfrac{100円×100個+104円×96個}{100個+96個}≒101.959円$
	実際は2%も上昇していない

> 過去のある時期の平均購入額を基準とする統計の作り方をした場合、統計が実態より高めに現れてしまうバイアスが生じます。

Check

金融政策を緩和するときののりしろを意識して、物価上昇率の目標を年2%程度にする、という考え方は比較的新しいものです。というのも、金融政策の歴史上は、高すぎる物価上昇率をいかに抑えるかが課題であった期間が圧倒的に長く、低すぎる物価上昇率をいかに上げるかは、近年、日本がデフレに陥ってから直面した比較的新しい課題だからです。ブレーキを踏むのが主な仕事だった金融政策が、アクセルを踏むようになり、はじめてその踏みしろを意識しはじめたといえます。

中央銀行は翌日物の金利を操作する

POINT
- ●中央銀行は銀行間市場の翌日物の金利を操作する
- ●銀行間市場の翌日物金利は銀行の貸出金利に影響する
- ●金利操作のために銀行間市場のお金の量を変化させる

▶ 金融政策による金利操作の基本

ここからは、金融政策がどのようにして金利を上下させるか、というテクニックに注目し、その説明をしていきます。

日本銀行など中央銀行が金融政策を通じて金利を上下させようとした場合、主に2つの点を考える必要があります。第一に、**どの金利を操作するのが最も簡単であるか**という点。第二に、**どの金利を操作するのが物価の安定という目的のために経済にはたらきかけるうえで効果的であるか**という点です。

第一の点については、中央銀行が随時お金のやりとりをおこなっている相手（＝銀行）がメインプレーヤーである、**「銀行間市場」（P62）の金利が最適**となります。また、中央銀行が金融政策上の狙いを直ちに反映させられるという点で、**「翌日物」の銀行間金利（日本では無担保コール翌日物金利）が選ばれるケースが多くなります**。これは、第二の点でも最適と考えられます。銀行間市場の翌日物金利は、預金金利を含め国全体の銀行がお金を手に入れる仕入値に強い影響を与えるため、お金の売値にあたる貸出金利全般にも（間接的ではありますが）幅広く影響を及ぼすことができます。

▶ 銀行間市場のお金の量から金利へ影響を与える

日本銀行をはじめ中央銀行が、銀行間市場の翌日物の金利を操作するためにおこなう基本的なテクニックは、銀行間市場のお金の量に影響を与えることです。金利決定の基本であるお金の過不足の状態を、銀行間市場において人工的に変化させることで、金利を上下させているといえます。

詳しいテクニックや実務についてはこのあとの項で解説しますが、日本銀行をはじめ中央銀行は、それぞれの国の水の流れすべてに影響する大元となる蛇口を握っており、そのひねり具合で水の量を加減しながら、末端までの水の量や流れに影響を与えようとしているとたとえられます。

金融政策が経済に反映されるしくみ

● 中央銀行が金利操作で考えるポイント

ポイント1　どの金利を最も操作しやすいか?

➡ 随時お金のやりとりをしている銀行がメインの**銀行間市場の金利**

ポイント2　金融政策の狙いを効果的に反映できる金利は?

➡ 銀行のお金の仕入れに強い影響を与える**翌日物の銀行間金利**

● 金融政策が国全体の金利に影響するしくみ

中央銀行　　　　　　　民間銀行

　銀行間市場　　  　企業・個人

中央銀行は金融政策を通じて、銀行間市場でのお金の量と金利をどのように操作するか決定する

お金の量と金利の操作により、市場のお金の量と金利が変化する

お金の仕入値の変化により、預金金利や貸出金利が変化する

金利の変化に応じて、預金やローンをするか決める

このように、中央銀行が銀行間市場のお金の状態を操作することで、企業・個人にまで影響を与え、経済全体のお金の状態を管理しています。

Check

金融政策が銀行間市場の金利を操作し、そこから銀行の預金金利、貸出金利、貸出の量、さらには実際の経済活動の活発さ、と影響が波及していく様子のことを「トリクルダウン(直訳すれば「浸透」)効果」と呼ぶことがあります。一般には、企業の利益が増えた影響で賃金や雇用が増え、消費に波及していく様子を指すケースでもよく使われています。

準備預金は民間銀行の体温計

POINT
- ●「準備預金」は銀行間市場金利を操作する重要な道具
- ●銀行が予備として日本銀行に預けるお金が準備預金
- ●日本銀行は準備預金を参考に銀行の状況を把握する

▶ 強制的に日本銀行（中央銀行）に預けさせる「準備預金」

金融政策が銀行間市場金利を操作する、また、操作するために**銀行のお金の余り具合を操作する**うえで重要な役割をしているのが「準備預金」というしくみです。準備預金とは、銀行が預かっている預金に対し一定の金額を、強制的に日本銀行など中央銀行に預けさせるしくみです。

準備預金は、預金として預かったお金をいろいろなところに貸してしまい手元にお金を持っていないことがあり得る銀行に、突然預金者がお金をおろしに来ても最低限それに対応できるだけの予備のお金を**強制的に持たせておこうという目的**から作られたしくみです。

一方で、このしくみがあることにより、日本銀行などの中央銀行は、民間の銀行の手元のお金が足りない状態、余っている状態を人工的に作り出し、それを通じて銀行間市場の金利を上下させつつ金融政策で目標としている一定の金利水準に誘導することを可能としています。

▶ 準備預金は銀行のお金の過不足を測る体温計

準備預金が決められた量より足らなくなった銀行は、銀行間市場に出ていってお金を借りなければなりません。準備預金が足らない銀行ばかりになると、銀行間市場は借りたい銀行ばかりとなって金利が大きく上がってしまいます。

ここで、日本銀行が銀行に対して助け船を出して直接お金を貸すと、銀行間市場の金利が上がるのを抑えることができます。このとき、どの程度銀行に助け船を出すかのさじ加減によって、**銀行間市場の金利を日本銀行が目標として定めた通りのレベルに概ね誘導する**ことができるのです。

逆に銀行のお金がダブついている場合には、日本銀行が手元に持っている財産を一時的に銀行に売ることで、銀行からダブついたお金を吸い上げるという操作をおこなうこともあります。

準備預金の役割と金利操作

● 準備預金のしくみ

民間銀行が中央銀行に預けている準備預金は、民間銀行が利用者から預かったお金をローンなどで、ほかの利用者に貸してしまい、預金をおろされたときに返金するお金がなくならないよう予備を設けるしくみ

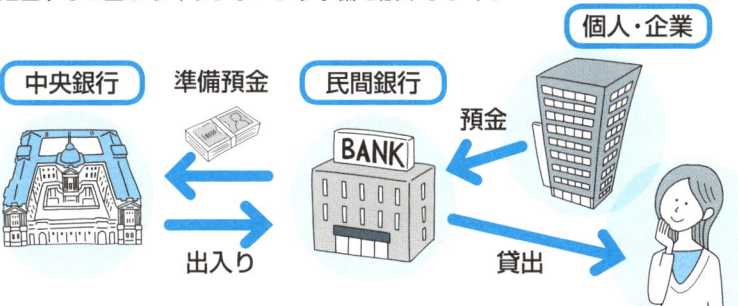

中央銀行　準備預金　民間銀行　個人・企業

預金　貸出　出入り

● 準備預金を利用して金利を調節

中央銀行は各民間銀行の準備預金の状況をもとに、お金をやりとりしながら民間銀行のお金の過不足を調整する。これにより銀行間市場で発生する民間銀行どうしのお金のやりとりを調節し市場金利を操作する

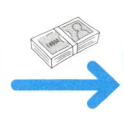

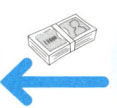
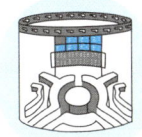

中央銀行　お金が不足している銀行　銀行間市場

準備預金の状況と金融政策で目標とする金利を鑑みて適正なお金を貸す

中央銀行に預ける準備預金が足らない分を銀行間市場から調達する

中央銀行は間接的に銀行間市場でやりとりされるお金を調整でき、金利を操作することができます。

Check

銀行のお金が足らなくなったり、ダブついたりする理由にはさまざまあります。長い休みの前になると手元に多めの現金を持つために預金を引き出す人が増え、銀行の手元のお金は不足気味になります。一方、国から年金が支給される日には、政府から日本中の銀行に一斉に預金が振り込まれるため銀行の手元のお金はダブつき気味になります。銀行のお金が足らなくなるか、ダブつくかには一定の法則性があるので、日本銀行はそれを見越してどの程度銀行に助け舟を出すかを決めることができます。

金融市場調節で金利の上下を司る

POINT

- 銀行のお金の余り具合を操作する「金融市場調節」
- 金融市場調節はオペレーション（オペ）とも呼ばれる
- 金融市場調節は金利の上げ下げを予測する手がかり

▶ 金融市場調節＝銀行のお金の余り具合にはたらきかける手段

　前項で説明した、準備預金を預けるお金が足らなくなった銀行に、「助け船を出す」と表現した日本銀行の具体的なはたらきかけについて詳しく解説します。準備預金が決められた量に届いているかどうかをモノサシとして、銀行のお金の余り具合・足らなさ具合を判断し、日本銀行は銀行に対してお金を貸したり、お金を吸い上げたりする微調整を日々おこなっています。**このような日本銀行（中央銀行）のはたらきかけを「金融市場調節」と呼んでいます。**

　金融市場調節は英語で「オペレーション」と呼ばれることから、金融業界では日本銀行による金融市場調節を略して「オペ」と呼んでいます。オペの詳細については、このあとの項で説明しますが、**日本銀行がお金の足りない銀行に対してお金を融通するものを資金供給オペ、お金がダブついている銀行から余ったお金を吸い上げるものを資金吸収オペ**と大別しています。

▶ オペは金利を上げる・下げるの意思表示

　日本銀行はお金が足らず、準備預金を十分に預けられない銀行がいたときに、必ず助けてくれるわけではありません。助け船を出す・出さない、どの程度の助け船を出すか、つまり、日本銀行がオペをするか・しないか、どの程度の金額のオペをするのかは、まず、**金融政策において銀行間市場の金利を何％程度に誘導しようとしているのか**の方針に依存します。金融政策を決めることは、すなわち金融市場調節方針を決めることでもあります。

　さらにそのうえで、日本銀行のオペに対する姿勢やその変化は、日本銀行が銀行間市場の金利を上げたがっているのか、下げたがっているのかの重要なメッセージとなります。オペの回数や金額から、**次に日本銀行が金利を上げるのか下げるのかを読み取り予測する作業のことを「日銀ウォッチ」と呼び、**金融機関で調査に携わる人たちの重要な仕事のひとつになっています。

MEMO オペの回数や金額から次の金融政策の変化を予測し当てる作業は、「職人芸」的であり、そのような細かい観察を日々繰り返す人たちは「日銀ウォッチャー」と呼ばれている。

金融政策の枠組み

広義の金融政策

狭義の金融政策

銀行間市場の金利を何%に誘導するか
という政策金利（目標）に向けた政策

▼

金融市場調節

政策金利を実現するために
中央銀行がおこなう手段

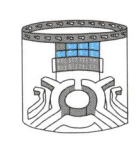

▼

金融市場での金利の上下

金融市場調節の影響による
金利の上がり下がり

次の金融政策のヒントになる

Q&A

Q 「日銀ウォッチャー」と呼ばれる人は今も多く活躍しているのですか？

A 近年、PART5で説明する「異次元緩和」と呼ばれるような、やや特殊な金融政策を日本銀行がおこなうようになったことで、日々の金融市場調節から日銀の次の政策を予測することは難しくなり、それとともに「日銀ウォッチャー」と呼ばれる人の数も少なくなりました。

金融政策を決めるしくみ

POINT
- ●日本銀行では金融政策決定会合で金融政策を決定する
- ●経済・物価の現状や見通しに基づいて決定する
- ●意思決定は合議制および多数決による

▋ 日本銀行における金融政策の決定手順

　日本銀行を例に、中央銀行がどのように金融政策を決定しているのかを解説します。日本銀行では、**原則として年8回開催される金融政策決定会合**において、前項で説明した金融市場調節の方針を軸とする金融政策が決定されます。同会合には、日本銀行のトップである総裁のほか、2人の副総裁と、6人の「審議委員」と呼ばれる幹部（人数は欠員がない場合）が出席し、この9人が「政策委員」として金融政策に関する議案の議決権を持ちます。そのほかに、事務局となる日本銀行の職員や、政府を代表して内閣府、財務省からも幹部（大臣が出席するケースもある）が参加します。

　金融政策に関する同会合では、**毎回、金融政策を決定する根拠となる経済や物価の現状に関する判断や将来の見通しが更新されます**。特に、1・4・7・10月に開催される会合では、9人の政策委員がそれぞれ示した経済や物価についての予測値を集計したものが、日本銀行の経済・物価の見通しとして示され、**経済・物価情勢の展望（略称『展望レポート』）**にまとめられて公表されます。

▋ 金融政策決定会合は合議制をとる

　日本銀行に限らず、世界各国、各地域の金融政策の決定において主流となっているのは、金融政策決定会合（地域により呼称は異なる）などの会議体での**意思決定が合議制・多数決となっている**点です。各政策委員は、議長である総裁が示した議案に反対することもできますし、議長案とは異なる内容の議案を提出して採決にかけることもできます。

　総裁、副総裁、審議委員は、内閣の指名、国会の同意を経て任命されますが、その任期は重ならないようになっており、政治的な影響を受けた特定の人物の独断で政策が決まらないように工夫されています。

MEMO 政府からの参加者は金融政策の決定権は持たないが、次の会合まで議決を延期することを求める「議決延期請求権」を行使することは認められている。

金融政策決定会合とは

● 政策委員の構成

政策委員は総裁と副総裁2名、審議委員6名の計9名で構成され、ここでの意思決定は合議制・多数決でおこなわれる

総裁　副総裁　審議委員

● 日本銀行が公表する「経済・物価情勢の展望」

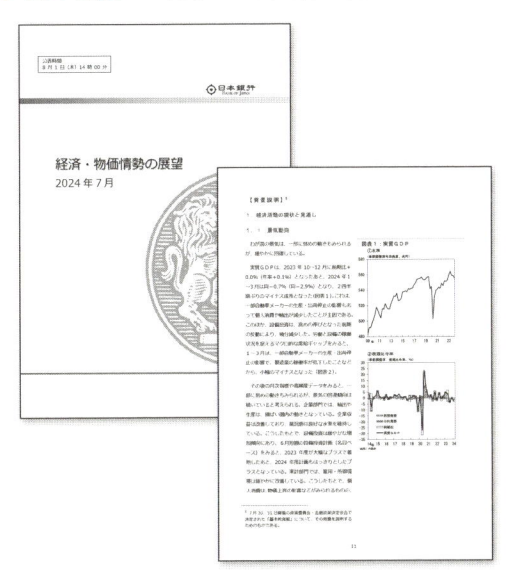

日本銀行としての金融政策の考え方を整理した報告書です。展望レポートと呼ばれます。1・4・7・10月に開催される金融政策決定会合の終了と同じタイミングで公表されます。

ⒸⒽⓔⓒⓚ

日本銀行審議委員には、暗黙の枠があるといわれることがあります。産業界出身、大手銀行出身、学界出身、民間調査機関出身などです。そのような決まりがあるわけではなく、伝統的に前任者と同様の出身母体から任命される慣例が続いてきた結果です。2009～2012年の民主党政権とその前後の政権交代により、慣例の一部が破られたこともあり、枠の存在は以前ほどはっきりしたものではなくなりつつあります。

買いオペと売りオペ

POINT
- 銀行とのお金のやりとり＝金融市場調節（オペ）
- 買いオペは「お金の供給」、売りオペは「お金の吸収」
- 共通担保資金供給オペが最も一般的なオペ

▣ 民間銀行とお金をやりとりする「金融市場調節」

　P134で説明した金融市場調節が実際にどのようにおこなわれるのか、その手段を中心に解説します。金融市場調節＝オペレーション（オペ）は、銀行にお金を供給したり銀行からお金を吸収したりすることです。その手段の基本は、銀行の持っている資産を日本銀行が（多くは一時的に）売り買いするというものになります。**銀行などの持っている資産を日本銀行が買うのを「買いオペ」と呼び、資金を供給する行為になります。一方、日本銀行が銀行から一時的に買い取った資産を銀行などに売るのを「売りオペ」と呼び、資金を吸い上げる行為になります。**

　金融市場調節＝オペの道具（手段）は、どのような資産を売り買いするか、によって分類されることになります。ここでは、最も一般的なオペである「共通担保資金供給オペ」について説明します。

▣ 共通担保資金供給オペのしくみ

　共通担保資金供給オペは、日本銀行が認める担保を差し入れることを条件に、銀行に資金を貸し出すオペで、貸し出す金額や期間はその都度発表されます。また、金利については、**入札に基づき高い金利で借りる意思を示した銀行から順に貸出先を決めていく金利入札方式**と、**そのときの政策金利で貸し出す固定金利方式**があります。担保として認められるのは、国債、社債のうち日銀が認めるもののほか、銀行が企業などに貸し出したローンも一定の条件で認められます。

　同オペで貸し出される金額は、担保に一定の掛け目をかけた範囲に制限されます。共通担保資金供給オペに限らず、日本銀行がどのようなオペを実施し、いくらの資金を供給（吸収）しようとしているかは、銀行間市場の金利をどちらに動かそうとしているのかについて日銀の意思を暗に示すと考えられ、オペの動向は市場関係者が日々細心の注意を払って見守っています。

MEMO 日本銀行がオペの実施（種類や金額）を通告する時間は、通常、午前9時20分と、午後0時50分に設定されている。この時間直前の市場には独特の緊張感が漂う。

日本銀行の主な金融市場調節（オペ）手段

オペの名称	概　要
共通担保資金供給オペ	日本銀行に差し入れられた担保を裏付けとして、資金を貸付ける資金供給オペレーション
国債現先オペ	国債を売戻し（買戻し）条件を付して入札によって買い入れる（売却する）資金供給（吸収）オペレーション
国庫短期証券売買オペ	国庫短期証券を入札によって買い入れる（売却する）資金供給（吸収）オペレーション
CP買現先オペ	日本銀行が担保として適格としているCP（コマーシャルペーパー）を、売戻し条件を付して買い入れる資金供給オペレーション
国債買入れ	利付国債を入札によって買い入れる資金供給オペレーション
手形売出オペ	日本銀行が振り出す手形を入札によって売却する資金吸収オペレーション
国債補完供給	日本銀行が保有する国債を一時的かつ補完的に供給するもの（形式は、国債の買戻条件付売却）
コマーシャルペーパーおよび社債等買入れ※	コマーシャルペーパーおよび社債等を、入札によって買い入れる資金供給オペレーション
指数連動型上場投資信託受益権等買入等※	指数連動型上場投資信託受益権および不動産投資法人投資口の買い入れ等を実施

※2013年以降の金融緩和政策において「金融調節の一層の円滑化を図る趣旨から」特例的に実施されていたもの

Ｃｈｅｃｋ

日本銀行がどのようなオペでいくらの資金を供給（または吸収）するかを判断するうえで重要なのが、銀行の準備預金の出入りに関する情報です。「準備預金」の項で説明したように、連休前の現金引き出し、年金の支給など準備預金の出入りが発生する要因とタイミングを予測しながら、オペの種類、金額を決める職人芸的なテクニックが駆使されているのです。

金融政策が市場金利へ影響を与える

POINT

- 金融政策が支配できるのは原則、翌日物金利だけ
- 短い期間の金利が長い期間の金利に影響を及ぼす
- 金融政策とその効果の見通しが長期金利の方向を左右する

▶ 最短の金利が長い期間の金利に波及するメカニズム

特別な場合を除いて、金融政策の変更によって日本銀行など中央銀行がはたらきかけようとする、または、はたらきかけることができるのは、翌日物などのごく短い期間の金利となります。一方で、金融政策が目標とする短期金利の上下は、広く長い期間の金利を含めてその国・地域全体の金利に影響を及ぼします。ここでは、金融政策の変更が金利全体にどのように波及するのかを解説します。

期間の長い金利は、**その期間内に起きる短い期間の金利の変化に関する予想の積み重ね**によって変化します。例えば、期間3年の金利は、「1年目の金利＋2年目の金利の予想＋3年目の金利の予想」といった式で表されるイメージです。ここで考えなくてはならないのは、2年目、3年目といった将来の金利の予想はどのように変化するのか、という点です。

▶ 金融政策の見通しとその効果の見通しの両方が関係

比較的遠い将来の金利の予想に関係するポイントは、**①その時点の金融政策が金利をどちらに動かそうとしているか、②その時点の実際の経済や物価の状態がどのようになっているか**、の主に2つです。

複雑なのは、現時点で金利を上げようとしている金融政策が将来にわたって続くと予想される場合でも、その効果として経済の状態が悪くなり物価の上昇率が下がりそうだという予想がはたらきはじめると、それ自体が金利を下げる効果を持ちはじめること、また、そうした予想に反応して次の局面では金融政策も金利を下げる方に舵を切るという予想がはたらく可能性がある点です。

一般に、**期間が長いほど、金融政策に関する予想と実際の経済・物価に関する予想が、金利に対して逆方向に作用する可能性が大きくなります。**当然、上下どちらの作用が大きいかを予想する難しさも増えることになります。

MEMO 短期金利の予想の積み重ねが長期金利を決定するという考え方を「金利の期間構造」と呼ぶ。長期金利にはそれ以外にPART1で説明した期間プレミアム分の上乗せがある。

金融政策が金利へ影響するしくみ

● 短期金利を操作する金融政策が期間の長い金利に影響する

期間の長い金利
（期間3年の場合）

＝

1年目の金利 ＋ 2年目の金利の予想 ＋ 3年目の金利の予想

↳ 予想の際の2つのポイント
①●年目時点の金融政策が金利をどう動かそうとしているか
②●年目時点の経済や物価の状態

このように期間の長い金利も経済状況および金融政策の動向をもとに予想されているため、金融政策は期間の長い金利にも影響を及ぼします。

● 操作した金利と逆に動くこともある市場金利

金融政策で連続した金利の引き上げが続くと予想すれば、長い期間の金利は上がるが、その結果、①経済の状態が悪くなり、②その結果物価上昇率が下がり、③それに対応して将来はむしろ金融政策で金利を下げる、という予想が強まってくると、長い期間の金利はむしろ下がる効果が生まれる

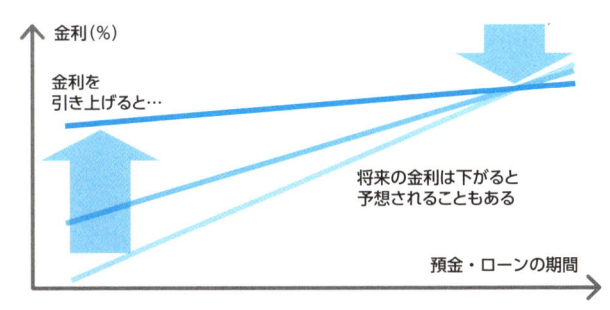

金利（%）

金利を
引き上げると…

将来の金利は下がると
予想されることもある

預金・ローンの期間

Check

日本銀行が金融政策として金利を上げる決定をしたときに、市場では長期の金利が下がる反応をすることがあります。これは、現時点の金利の引き上げ（金融政策の引き締め）によって、先行き経済の状態が悪化したり、物価上昇率が鈍化したりする恐れがあると市場が予想したサインと解釈できます。あるいは、そうした予想に基づいて、近い将来、金融政策も緩和に転換するとの予想がはたらきはじめている可能性もあります。

逆イールド現象は不況の原因ではない

POINT
- 短期金利より長期金利が低くなるのが逆イールド現象
- 逆イールド現象は不況の前兆といわれる
- 逆イールド現象と不況には直接的な因果関係はない

▶ 逆イールド現象のしくみ

　一般に、期間が長いほど不確実性が大きいことを反映した期間プレミアムが長期金利に上乗せされるため、短期金利より長期金利の方が高くなりがちです。「短期金利＜長期金利」となる状態を「順イールド」と呼びます。これに対し、**短期金利より長期金利の方が低くなる「逆イールド」現象が起きるのは直感に反するように思われます。**しかし、前項で説明した金融政策のメカニズムを踏まえれば、十分に起こりうる現象であることがわかります。

　つまり、金融政策が極めて積極的に引き締めをおこなって短期金利が大きく上昇する一方、その効果により将来の経済の状態が急激に悪くなり、物価上昇率が下がること、また、それらを反映して、いずれは大幅な金利の引き下げを伴うような金融緩和の必要が出てくるという予想がはたらき、それを反映した金利が市場において実現すれば、逆イールドは成立することになります。

▶ 逆イールド現象は「不況の預言者」ともいわれる

　市場で逆イールド現象が発生すると、近い将来、経済が不況に陥るという経験則があるといわれ、それゆえ、逆イールド現象は「不況の預言者」とも呼ばれています。上記のようなメカニズムを踏まえると、**逆イールド現象が不況の前兆である**という解釈は概ね正しいと考えられます。

　しかし、しばしば金融の専門家の間でも誤解されているのは、逆イールドになったから不況が訪れるという因果関係がある、という見方です。**金利が逆イールドになることそのものには、経済の状態を悪化させる力はない**と考えられます。あくまで、金融政策が今金利を上げすぎてしまった結果として、将来経済の状態が悪くなるのではないかという心配を反映して逆イールドが起きているのです。そして、逆イールドが起きたあとに不況がやってくるという預言は100％正しいわけではなく、間違えるケースもあることを認識しておく必要があります。

MEMO 順イールドのとき、長短金利差が拡大しイールドカーブの傾きが急傾斜になることを「スティープニング」、反対に長短金利差が縮小して平坦になることを「フラットニング」と呼ぶ。

イールドカーブの種類

イールドカーブとは、短い期間から長い期間までの金利水準を結んでひとつの曲線にしたグラフ。その時点での経済状況などを踏まえ、市場参加者が予測している将来の金利の見通しを反映している

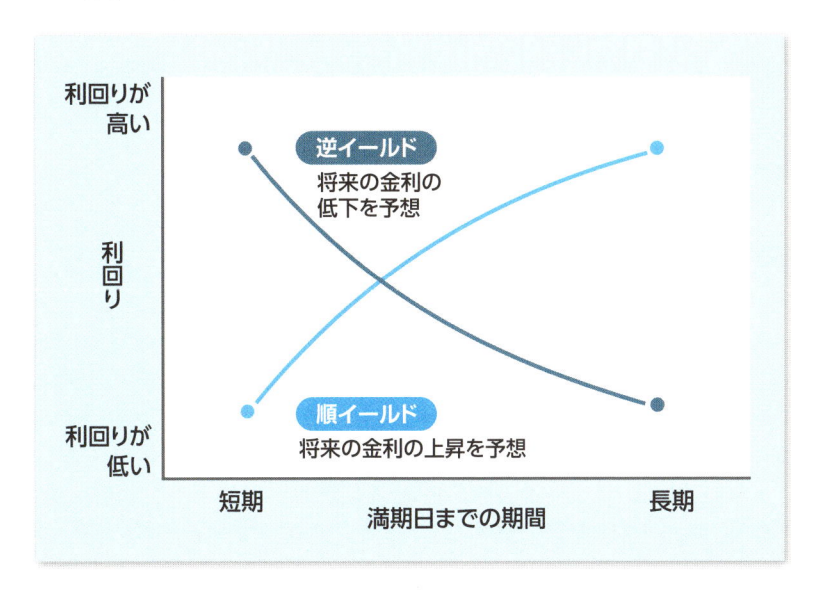

利回りが高い

逆イールド
将来の金利の低下を予想

利回り

順イールド
将来の金利の上昇を予想

利回りが低い

短期　満期日までの期間　長期

● 順イールド
将来的に金利が上がると予想する人が多い場合に成立するイールドカーブ

● 逆イールド
将来的に金利が下がると予想する人が多い場合に成立するイールドカーブ

イールド（yield）とは、「利回り」を指す用語です。

Check

現時点での金融引き締めの行き過ぎによって、将来不況が起きることを予想し長期金利が下がることは、逆に金利の低下によって経済活動を刺激するという側面もあります。金利の上下は、市場が経済や物価の将来の姿を予想した結果として起きるものですが、一方で、金利の上下によって経済や物価が動き予想が変わってくるという面もあります。このような相互作用が金利の動きをより複雑で難しいものにしているのです。

市場と対話する中央銀行

POINT
- 中央銀行は金融政策の効果の効率的波及を目指す
- 金融政策効果の波及のために積極的に市場と対話
- さまざまな情報発信で市場に影響を与える

◤ 金融政策の効果を効率的に波及させる動き

　これまでに説明してきた通り、金融政策が直接目標を設定し、コントロールできる金利は、原則として翌日物の銀行間市場金利など、ごく短期間の金利に限られます。もちろん、翌日物金利を上下させるだけで、より長い期間の金利にも影響が波及し、ひいては経済や物価にも影響が及ぶようにはたらきかけることは可能ですし、また、金融政策はそれを狙っておこなわれるものです。

　一方で、金融政策によって短期の金利を上下させた際、その効果がより速やか、かつ効率的に長い期間の金利に波及した方が、金融政策が狙っている影響を経済や物価に及ぼすうえで効率的であるのも事実です。

　近年、金融政策の効果をより効率的に波及させるために、**中央銀行は積極的に市場との対話をおこない、政策の狙いや先行きの方向性を意図的に市場に織り込ませることが有効である**という見解が一般的になっています。

◤ さまざまな市場との対話の手段

　日本銀行を例にすると、市場との対話の手段にはさまざまなものがあります。金融政策決定会合後には、総裁が定例記者会見でメディア記者の質問に答える機会が設けられます。また、**各政策委員が持ち回りで各地（原則として日銀の支店がある都市）において金融経済懇談会での講話と記者会見を定期的におこなっています**。総裁あるいは副総裁が、一部メディアの独占取材に応じ、その内容が掲載された記事を通じて情報を発信することもあります。

　市場関係者は、日本銀行からの情報発信の変化を注視し、政策の変更、つまり金利の上げ下げに関する予想を、実際の政策決定がある前の段階での市場での金利に反映させていきます。こうして**日本銀行は金融政策を変更する前からその効果をある程度市場に及ぼしていく**ことができるのです。

MEMO 市場との対話を重視する一方、金融政策決定会合直前の一定期間は、日銀関係者の発言機会は皆無となる。これを「ブラックアウト」と呼び、政策決定に関する情報漏洩を防ぐ目的でおこなわれる。

日本銀行における市場との対話

● 市場との対話手段の代表例

総裁による 定例記者会見	政策委員による 金融経済懇談会	総裁または副総裁 による一部メディア 独占取材

政策の狙い・先行きの方向性を示唆

金融市場に影響を与える

● 日本銀行が発信するメディアで得られる情報

日本銀行はWEBサイトやSNSなどのオウンドメディアにおいても積極的に情報発信をおこなっている。発信される主な情報を以下にまとめるので、参考にすると良い

- 総裁定例記者会見
- 日本銀行政策委員会月報
- 経済・物価情勢の展望（展望レポート）
- 金融システムレポート
- 政策委員による記者会見・講演
- 地域経済報告（さくらレポート）
- 通貨及び金融の調整に関する報告書
- 金融政策決定会合議事要旨
- 金融政策決定会合における主な意見

etc

Check

政策委員など日本銀行の幹部からの情報を解釈する際に注意しなければいけないのは、発言者がもともと金融引き締めに熱心なタイプか、金融緩和に熱心なタイプか、という素性を踏まえて解釈するという点です。金融引き締めに積極的なタイプを「タカ派」、緩和に積極的なタイプを「ハト派」と鳥に例えて呼ぶのが世界的な慣わしとなっています。

金融政策には流行がある

POINT

- ●かつて日本銀行が事前に政策を示唆することはなかった
- ●金融政策に対する考え方には流行がある
- ●米国を中心とした金融学界の考え方を取り入れることが多い

▎ 市場との対話がタブーとされていた時代がある

　前項では、市場との対話が金融政策の効果をより速やかに、かつ効率的に市場や経済に及ぼしていくうえで有効であることを解説しました。しかし、過去には、日本銀行など中央銀行が事前に金融政策の変更の可能性などをほのめかすことはタブーであるとされた時代もありました。

　例えば、日本銀行はかつて公定歩合と呼ばれる金利を金融政策上の最重要金利と位置付けていました。これに関して「解散と公定歩合に関しては嘘をついても良い」という格言があります。これは、首相が衆議院を解散するかどうかと並んで、「日本銀行が公定歩合を変更するかどうかは、秘中の秘とすべきだ」という教訓であり、まさに、市場と対話して**事前に政策の変更の可能性を示唆することなどもってのほかとされた時代**の名残であるといえます。

▎ 金融政策を決める際の考え方

　市場との対話を是とするか非とするかについて、時代によって評価がまるっきり変わるのと同じように、**金融政策およびその運営に関する考え方には、流行りすたりがあります**。すでに説明した、物価上昇率（インフレ率）に関して一定の目標を定めて金融政策を運営するというやり方も、過去から一貫してそうすべきとされたものではなく、比較的近年主流になった考え方です。

　また、政策金利を決める際、特定の経済や物価に関する指標を使って**決定式（ルール）を作り、その結果に忠実であるべき**という考え方がある一方、数式に基づいて機械的に政策を決めるのは好ましくなく、**中央銀行が広い裁量を持って決めていくべき**という対極的な考え方（ルールか裁量か）もあります。以上のような金融政策に関する流行りすたりは、**米国を中心とする金融学界において、そのとき主流とする考え方を取り入れて揺れ動いている**ことが多いのも特徴です。

MEMO　学界の考え方が金融政策に流行りすたりを生むのは、特に米国において学界と中央銀行幹部の間で頻繁な人事交流があることがひとつの大きな理由になっている。

金融政策はルールに沿うか・裁量に委ねるか

●「テイラー・ルール」という金融政策の考え方

ルールに基づいた金融政策を決めるべきという意見のひとつに、「テイラー・ルール」がある。経済学者ジョン・ブライアン・テイラーが考案した決定式で、計算された金利をそのまま政策金利にすべきという考え方である

望ましい政策金利
＝インフレ目標＋実質中立金利(≒潜在成長率)
　＋α×(現実のインフレ率－インフレ目標)＋β×需給ギャップ
（α、βは任意の値）

このテイラー・ルールに基づいて、日銀が計算した潜在成長率、需給ギャップ、インフレ目標を2%とし、仮にα＝1.5、β＝0.5として計算すると、望ましいとされる政策金利は下のグラフのように表されます

● テイラー・ルールに基づく推計値と実際の日銀政策金利

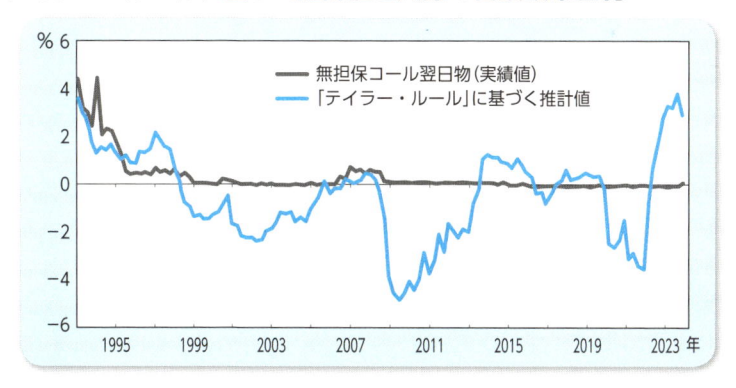

凡例:
- 無担保コール翌日物(実績値)
- 「テイラー・ルール」に基づく推計値

縦軸: % 6, 4, 2, 0, -2, -4, -6
横軸: 1995 1999 2003 2007 2011 2015 2019 2023 年

テイラー・ルールから計算された金利は、短期間で大きく上下しています。これに忠実に従うと、かえって経済を不安定にする恐れもあります。ルールを参考にしつつ、裁量で政策を決める方が望ましいと考えられています。

米国の中央銀行システム

POINT
- ● 米国ではFRBという理事会が金融政策を決める
- ● 金融政策の議決は一部交代制を敷いている
- ● FRBは政策金利の見通しを積極的に開示する

◤ 米国で中央銀行のシステムを担う連邦準備制度

　ここからは、日本の経済と深く関わっている欧米の中央銀行システムについて説明します。まず、世界最大の経済大国である米国には、国としての中央銀行は存在せず、**複数の州を管轄する中央銀行にあたる「連邦準備銀行」が**12行存在します。そして、それらの**準備銀行の総裁を含む「連邦準備制度理事会（Federal Reserve Board、略してFRB）」が合議制で金融政策を決める**しくみを取っています。**FRBと**12**の連邦準備銀行からなる中央銀行システムを「連邦準備制度（Federal Reserve System、略してFRS）**」と呼んでいます。また、FRBが金融政策を決定する会議はFOMC（連邦公開市場委員会）と呼ばれ、12の連邦準備銀行総裁のほか、議長と2人の副議長、4人の理事が出席します。ただし、金融政策に関する議決権を持つのは、本部の6人以外では、12の総裁のうち5人のみであり、ニューヨーク連銀総裁を除いて**毎年輪番で交代します**。これに伴い、金融政策に関する考え方が違う（引き締めに前向きなタカ派、緩和に前向きなハト派）総裁が入れ替わり、それが金融政策に影響するかどうかを推測することが専門家の仕事のひとつとなっています。

◤ FRBは自身の政策金利見通しを開示する稀有な中央銀行

　FRBの特徴のひとつは、世界の中央銀行の中でも**最も情報発信に前向き**であるところにあります。日本銀行と同様に、3カ月に一度、経済や物価の見通しを示すだけでなく、政策金利の見通しも示しています。政策金利は、そもそもFRB自身が決めるものですから、その見通しは政策の意思表示でもあるといえます。上記の**FOMC参加者**18**人の見通しが匿名で示される**ほか、その中央値がFRB自身の見通しとして重視されています。同見通しを示したグラフ上では、各人の見通しが点（ドット）で表されることから、**通称「ドッツ」という呼び方**で専門家の間では知られており注目されています。

MEMO｜「日銀ウォッチ」と同様に、FRBの金融市場調節や関係者発言を注視し、政策の変化を読み取ることをFED（フェド）ウォッチと呼ぶ。

米国の中央銀行システム

連邦準備制度理事会
（FRB）

＋

連邦準備銀行

- ボストン
- ニューヨーク
- フィラデルフィア
- クリーブランド

- リッチモンド
- アトランタ
- シカゴ
- セントルイス

- ミネアポリス
- カンザスシティ
- ダラス
- サンフランシスコ

連邦準備制度
（FRS）

米国においては連邦準備制度（FRS）が中央銀行の役割を担います。

Check

FRBの金融政策は、米国の経済や金融に影響するだけではありません。世界には、米ドルを自国通貨として使っている国・地域があり、そうしたところの経済にも影響を及ぼします。また、貿易の決済や金融市場での取引において米ドルが非常に高い比率を占めていることから、世界経済全体、世界の金融市場全体に対して影響力を持っているのがFRBであるといえます。

欧州の中央銀行システム

POINT
- ユーロ参加国の金融政策は欧州中央銀行が決定している
- 金融政策は加盟国の平等に配慮している
- ユーロ加盟国それぞれの政治状況が金融政策に影響する

異なる国が同じ通貨を使う壮大なしくみ

　欧州では、大陸に位置する国々を中心に計20カ国（2024年8月現在）が「ユーロ」という共通通貨を使用しています。異なる国が自国の通貨を放棄して共通の通貨を使うという壮大なしくみは、1999年1月に11カ国が参加してスタートし、その後、加盟国を増やしていきました。ユーロ参加国の金融政策は、国の枠を超えて**「欧州中央銀行（European Central Bank、略称ECB）」と呼ばれる共通の中央銀行が決定**し、その役割を担っています。国は20カ国ありながら、金融政策を決定する中央銀行はひとつになっているわけです。

　ただ、ユーロ参加国は米国の州以上に独立性を保っており、20カ国それぞれに固有の中央銀行も存在しています。ECBの金融政策は、このような特殊性を反映し、**加盟国の平等に配慮したもの**になっています。

　ECBの金融政策決定は、政策理事会が担います。政策理事会には、総裁、副総裁各1人、理事4人からなる役員会メンバーに加え、ユーロ参加20カ国の中央銀行総裁がすべて参加します。その意思決定は多数決で決まりますが、参加国の大小を問わず、各国中央銀行総裁は平等に1票の議決権を持ちます。また、役員会メンバーの任命は参加国の全会一致で決定されます。

欧州独自の政治力学の影響

　一方で、**ECBの金融政策は欧州の2大国であるドイツとフランスの利害対立の影響を受けやすい**という特徴もあります。ドイツは、第二次世界大戦前にハイパーインフレ（物価の異常な高騰）を経験した経緯もあり、その中央銀行であるドイツ連邦銀行が断固インフレを許さない金融引き締めを好むのに対し、フランス（の中央銀行）は比較的インフレに寛容であり、**金融政策の方針を巡ってしばしば対立する**こともあります。こうした政治力学の影響もあってか、ECBの歴代総裁にはまだ1人もドイツ人が就任した例がありません。

ユーロに参加する条件は条約で明記されているが、離脱するための条件はどこにも既定されていない。しかし、過去にギリシャなど複数の国が離脱する懸念が浮上したこともあった。

ユーロを導入している20カ国

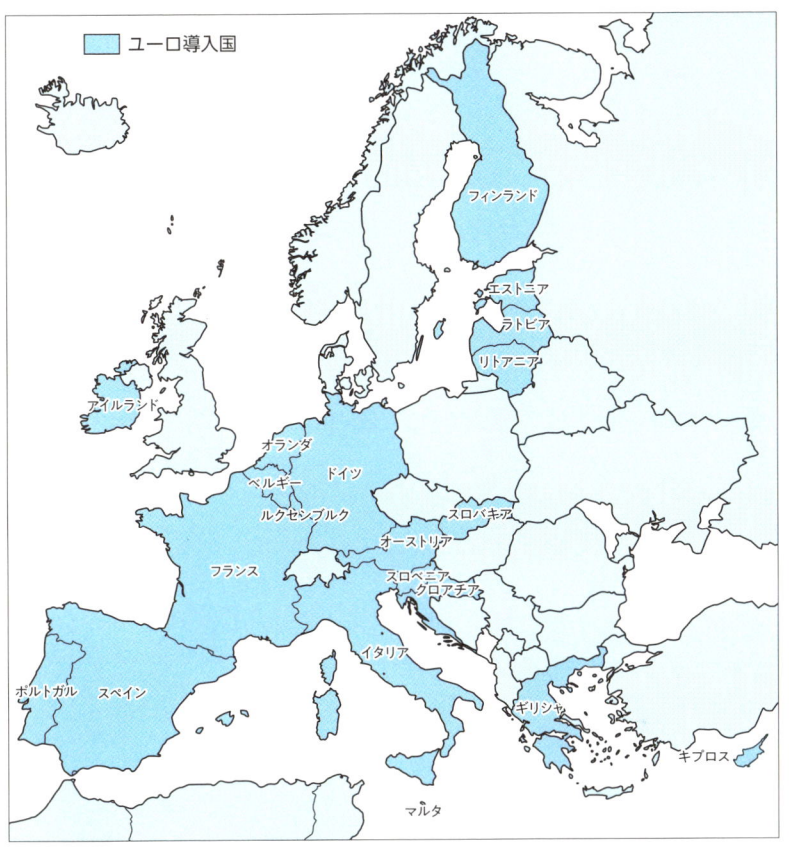

ユーロ導入国

フィンランド
エストニア
ラトビア
リトアニア
アイルランド
オランダ
ベルギー　ドイツ
ルクセンブルク
スロバキア
オーストリア
スロベニア
クロアチア
フランス
イタリア
ポルトガル　スペイン
ギリシャ
キプロス
マルタ

> 欧州連合 (EU) の中でユーロを自国の通貨にしている国々のことを「ユーロ圏」と呼びます。また、欧州中央銀行 (ECB) の本部はドイツのフランクフルトにあります。

Check

複数の国が同じ通貨を使うこと、言い換えると、国の領土と金融政策が及ぶ範囲が異なることは、ときに経済や金融の不安定化要因になります。大胆にいえば、国が借金まみれになっても中央銀行がお金を刷って助けてくれないという構図は、国が破産してしまうのではないかという心配を現実的なものにします。2010年代初頭に起きた欧州金融・財政危機は、共通通貨ユーロがなければ起きていなかった可能性もあります。

中央銀行は「マラドーナ」を目指す

マラドーナとは、アルゼンチンの英雄とも呼ばれる、同国サッカー代表であったディエゴ・マラドーナのことです。マラドーナと金利、一見すると何の関係もなさそうですが、中央銀行が金融政策において金利をコントロールする際の理想をマラドーナが体現しているといわれることがあります。

具体的に理想とされているのは、マラドーナが1986年ワールドカップ準々決勝のイングランド戦で決めた5人抜きゴールです。マラドーナは、ドリブル、フェイントで5人の相手選手をかわしてゴールを決めましたが、このとき、マラドーナはパスを受けてからほぼ一直線にゴールに向かっているようにみえます。極端にいえば、マラドーナがドリブルやフェイントで相手を避けて左右に動いたのではなく、マラドーナがかわしてくると予想した相手が勝手に横に避けた結果、マラドーナ自身はほぼ一直線にゴールへ向かってドリブルすることができました。

これが金融政策にとって理想とされるのは、PART4で説明した「市場との対話」をうまく進めていけば、中央銀行が実際に金利を上下させなくても、中央銀行が政策をこちらに動かすだろうと考えた市場が勝手に金利を上下させ、中央銀行が目指した経済・物価へ

のはたらきかけを実現させることができるためです。

金利だけでなく、株式や為替などを含む金融市場全般においては、「織り込み済み」という言葉がよく使われます。市場を動かすニュースが出ても、そのことがすでに事前に予想されており、株価や為替、金利にそれが反映されている状態が実現してしまっていたために、ニュースに対して市場がほとんど反応しない状態を指します。

マラドーナは、イングランドの選手5人に対して、このような動きをするだろうと織り込ませておくことで、自らはほとんど横に動かずしてゴールに向かうことができたともいえます。

中央銀行がこれと同じような状態を実現するために必要なのは、「市場との対話」をうまく進めることによって、中央銀行自身の政策が将来どのように動くかという情報を、市場において「織り込み済み」の状態にしてしまうことです。逆にいえば、将来の金融政策に関する予想を市場に「織り込ませる」ような市場との対話ができる中央銀行が優れた中央銀行であると考えられます。日本銀行を含む世界の中央銀行は、金融政策の世界でのマラドーナになることを目指して、日々、「市場との対話」のテクニックに磨きをかけているのです。

PART 5

「異次元緩和」と金利なき世界

日本銀行は、長らく「金利のない世界」を展開する金融政策をおこなってきました。「金利のない世界」は、なぜ、どのようにして生み出されたのかについて学んでいきましょう。

ゼロ金利への到達

POINT
- 金融危機に対応した結果ゼロ金利に到達
- ゼロ金利政策からの脱却に失敗した過去がある
- デフレ傾向が続いたため別手段を模索

◤ 日銀の金融危機との闘い

　1990年代の日本銀行の金融政策は、株価や不動産のバブル崩壊を起点とする経済の悪化や金融危機との闘いでした。1990年のピーク時に6.0%であった日本銀行の政策金利（当時は公定歩合）は、段階的に引き下げられ、**1999年2月12日に事実上のゼロ金利政策に移行することを決定しました。**

　日本銀行はその後、経済状況の改善や金融環境の安定の兆候を捉えて、ゼロ金利政策の解除に踏み切りました。2000年8月には、政策金利を0.25%引き上げることを決定し、ゼロ金利を脱却しました。しかし、2001年2月28日には、景気回復の動きの鈍化や物価低下圧力が再び強まる懸念を根拠として、政策金利を0.15%に引き下げました。さらに翌年3月19日には、政策の目標を金利から日銀が金融機関から預かる当座預金（準備預金）の「量」に切り替える一方、目標ではなくなった無担保コール翌日物金利が「通常は0%近辺で推移する」との予想を掲げ、再び「事実上の」ゼロ金利政策に回帰しました。

　その後、日本の金融危機収束に加え、日本と世界経済の回復を踏まえて、2006年7月14日に政策金利を0.25%に引き上げる決定がなされましたが、**ほどなく日本銀行は「リーマンショック」と呼ばれる世界的金融危機の波にのまれることとなりました。**2008年9月の世界金融危機発生時点までに、政策金利は0.5%まで引き上げられていましたが、2008年10月31日に再び政策金利の引き下げ開始が決定され、同年12月19日に0.1%程度とされました。

◤ デフレ脱却ができず別の手段を模索

　これ以降、日本銀行は政策金利を引き下げる金融緩和の手法から、それ以外の手段を模索する路線に転換していきます。そうした試みが必要となってしまったのは、**金利を事実上ゼロ%まで下げても、物価が継続的に下落するデフレから脱却できなかったことが大きな原因です。**

MEMO 1990年以降の日本銀行の金融緩和は「Too little too late」小幅で遅すぎると批判された。それはゼロ金利の限界に到達することを嫌った結果である可能性もある。

繰り返されたゼロ金利政策の歴史

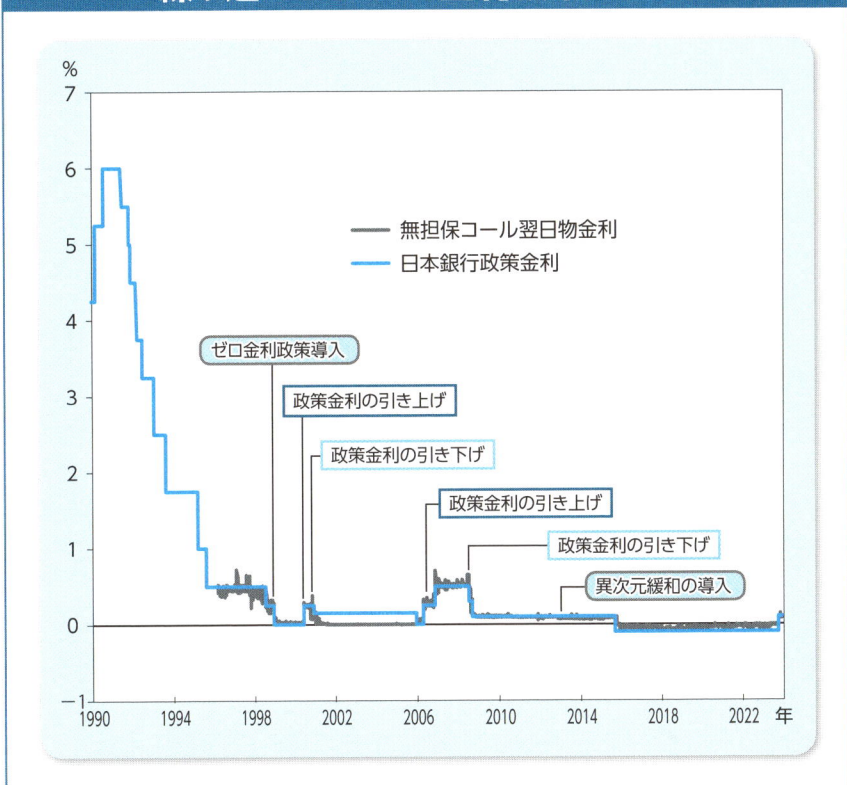

%
- 無担保コール翌日物金利
- 日本銀行政策金利

ゼロ金利政策導入
政策金利の引き上げ
政策金利の引き下げ
政策金利の引き上げ
政策金利の引き下げ
異次元緩和の導入

(年: 1990 1994 1998 2002 2006 2010 2014 2018 2022)

日銀はたびたびゼロ金利政策を解除しますが、経済の悪化や金融危機に直面し、政策金利の再引き下げを避けることができず、以降は異なる手段を模索することになりました。

Q&A

Q 異次元緩和（P158）を終了するのに11年間もの時間を要したのはなぜですか?

A ゼロ金利政策を解除しては再びゼロ金利政策に回帰せざるを得なかった日本銀行は、ゼロ金利政策解除が失敗であると政治的な批判に晒されたこともあり、デフレ克服を宣言して金融緩和を終了することそのものに関して一種のトラウマを持つようになったためである可能性があります。

ゼロ金利の限界克服

POINT

- 日銀はゼロ金利の限界に到達した
- 「量」と「時間軸」に着目した手段で克服を目指す
- 期間の長い金利を下げることを狙いとする

▶ ゼロ金利の限界を克服するための試み

　ここまで説明したようなゼロ金利政策とその解除を繰り返すうち、日本銀行はゼロ金利（政策）の限界をより強く意識するようになっていきました。同時に、**金利を０％以下に下げられない限界**を乗り越えて、金融政策（金融緩和）の効果を経済や物価に及ぼす方法についても、試行錯誤を繰り返しました。

　日本銀行がゼロ金利の限界を克服するために用いた主な手段は、「量」と「時間軸」であったといえます。その最初の試みとなったのが、２回目となるゼロ金利政策の過程でおこなわれた2001年3月19日の決定でした。同日の決定の要点は、以下の2つでした。

①金融政策の操作目標を「**日銀当座預金の量を当面5兆円程度に増額する**」という量に切り替えたこと

②この方針を「**消費者物価指数（全国、生鮮食品を除く）の前年比上昇率が安定的に０％以上となるまで継続する**」と宣言し、政策を一定の条件に沿って**長く継続するコミット（約束）をすること**（「時間軸政策」と呼ぶことがある）

▶ 「量」と「時間軸」を手段とする狙い

　ゼロ金利（政策）の限界を克服する手段である「量」と「時間軸」には共通した狙いと効果があると考えられます。それは、通常の金融政策では直接はたらきかけをおこなうことがない「**期間の長い金利**」を下げる試みであるという点です。

　本書ですでに説明した通り、**期間の短い金利が将来にわたって上がらないという予想を市場に与えれば、期間の長い金利が下がるという効果が得られる**ことになります。また、期間の短い金利をゼロまで下げるのに必要とされる以上のお金を市場に供給し、よりお金が余った状態を作り出せば、その分だけ期間の長い金利までもが下がる効果が得られることになります。

MEMO ┃ 時間軸に関連する約束を「フォワードガイダンス（先行き指針）」と呼び、基本的には「いつまでこの政策を続けるか」の条件を示す。

「量」・「時間軸」と金利との関係

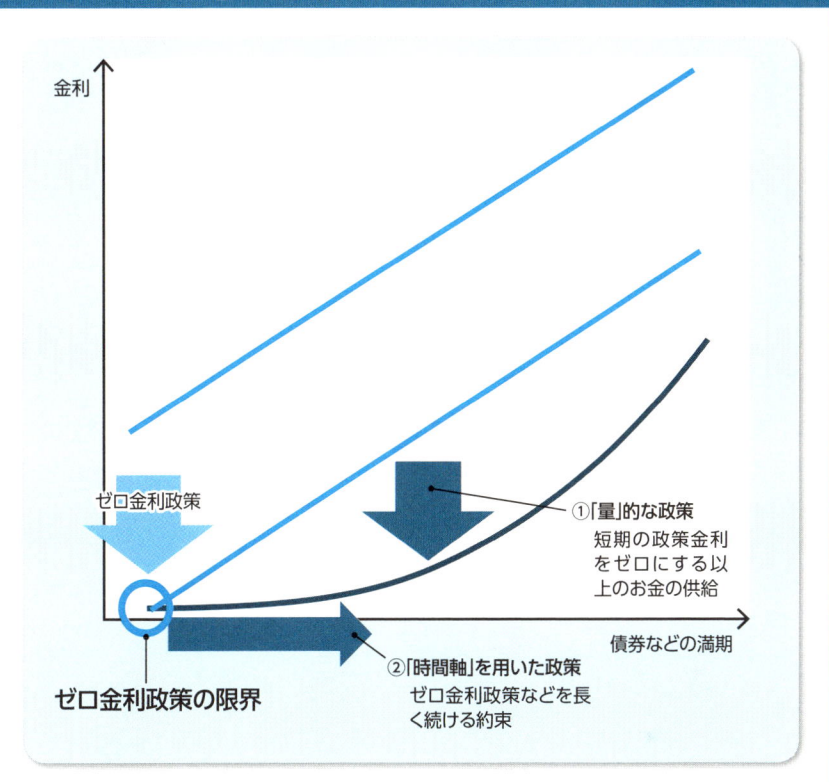

金利

ゼロ金利政策

ゼロ金利政策の限界

①「量」的な政策
短期の政策金利をゼロにする以上のお金の供給

債券などの満期

②「時間軸」を用いた政策
ゼロ金利政策などを長く続ける約束

ゼロ金利政策の繰り返しにより限界を感じはじめていた日銀は、その限界を克服するために「量」と「時間軸」に焦点を当てた政策に取り組みました。

Check

「時間軸」や「時間軸政策」とは呼ばれるものの、具体的に「いつまで」と（ゼロ金利政策などを）続ける期間や期限を明示することは稀です。日本銀行による2001年3月の決定にみられるように、特定のデータが一定の条件を満たすまで政策を継続するといった格好で、経済や物価のデータに紐づけて間接的に政策を継続する時間を示す手法が一般的です。

日銀が導入した異次元緩和の狙い

POINT
- 「異次元緩和」と呼ばれる「量的・質的金融緩和」を導入
- 同政策で掲げた「量」が特に「異次元」だった
- 異次元の「量」の拡大でデフレマインドの一掃を目指した

▶ 黒田総裁が開始した異次元緩和

　2013年3月20日に日本銀行総裁に就任した黒田東彦氏は、就任直後となる4月4日、「量的・質的金融緩和」と銘打った大規模かつ大胆な金融緩和政策を導入しました。この金融緩和は当時「異次元緩和」と呼ばれていました。

　この金融緩和は、それまでの金融政策にはない画期的な特徴を持っていましたが、特に「異次元」という形容詞にふさわしい特徴は、「量」の側面にありました。

　4月4日の決定においては、「マネタリーベース（日本銀行券発行量＋当座預金量）および長期国債の保有額を2年間で2倍に拡大する」との方針が打ち出されました。「2倍」に相当するマネタリーベースの量とは、年60〜70兆円の増加ペース、国債については年50兆円に相当するペースでの残高の増加とされました。「量的・質的金融緩和」には、2%の「物価安定の目標」の実現を目指し、これを安定的に持続するために必要な時点まで継続するという約束も付与されており「時間軸」政策の側面も併せ持っていました。

　「量」に関する目標は、その後、2014年10月31日に、物価の下押し圧力が残存しているとの認識に基づいて、マネタリーベースおよび長期国債の増加ペースをそれぞれ年80兆円に引き上げる「量的・質的金融緩和」の拡大が決定されました。

▶ 「期待にはたらきかける」効果を狙ったもの

　本書でこれまで説明してきた金利の決まり方に基づけば、お金の量をいくら増やし、期間の長い金利が下がったとしても、それがゼロに近づくにつれて、お金をそれ以上増やしても金利が下がる効果はなくなっていくことになるはずです。にも関わらず、上記のように思い切った「量」の拡大を、それも短期間で図ろうとした狙いは、**人々の期待にはたらきかけ、「物価は上がらないもの」**というデフレマインドを一掃することを目指したためとされています。

MEMO 「異次元」と形容される思い切った金融緩和は「黒田バズーカ」とも呼ばれた。2014年10月の追加金融緩和を「バズーカ2」と呼ぶ市場関係者も現れた。

異次元緩和下における「量」の拡大と金利の関係

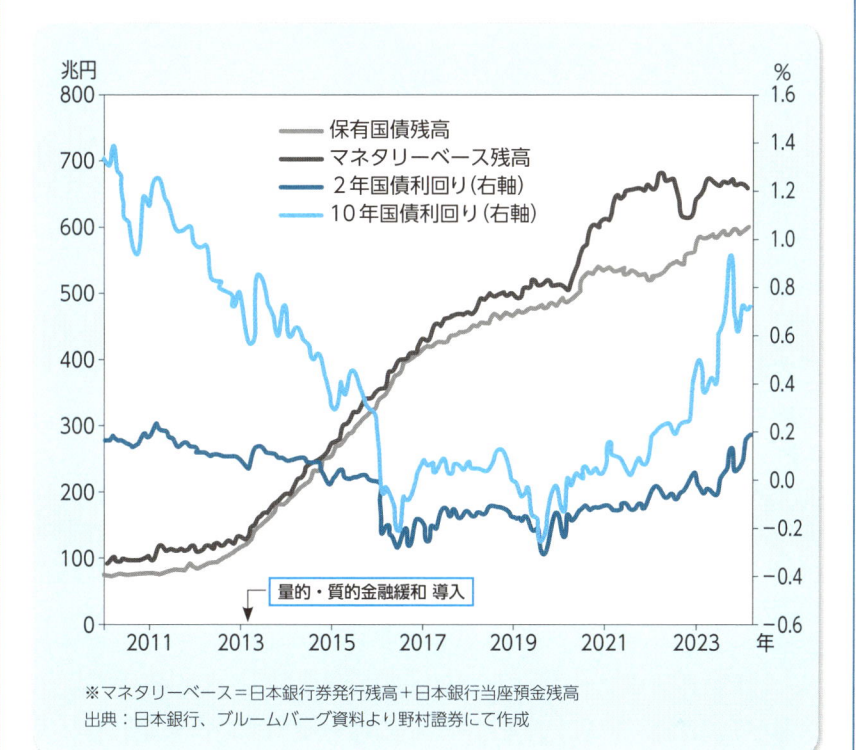

- 保有国債残高
- マネタリーベース残高
- 2年国債利回り（右軸）
- 10年国債利回り（右軸）

量的・質的金融緩和 導入

※マネタリーベース＝日本銀行券発行残高＋日本銀行当座預金残高
出典：日本銀行、ブルームバーグ資料より野村證券にて作成

量的・質的金融緩和の導入で異次元の「量」的拡大を掲げることで、「物価は上がらないもの」という意識を一掃し、年2％の物価上昇の実現を目指しました。

Check

大胆で思い切ったお金の量の拡大によって、人々の期待・予想が変化するかどうかについては、異次元緩和の実施当時から少なからぬ批判がありました。しかし、黒田総裁体制下の日本銀行では、このような効果に対する思い入れが強く、大規模な量の拡大の手が少しでも緩むことを匂わせるような情報発信がおこなわれないよう、かなり神経質な対応をしていたことが明らかになっています。

マイナス金利政策

POINT
- 異次元緩和でもインフレ目標は未達成だった
- 欧州での実績をもとにマイナス金利政策を導入
- 銀行の収入源である金利を減らす欠点も

日本銀行が開始したマイナス金利政策

　日本銀行は異次元緩和を開始して2年以上が経過しても、年2%のインフレ目標を達成できないままでした。そればかりか、2016年になるとインフレ目標の達成をさらに危うくするリスクに直面することになります。具体的に日本銀行は、原油価格の一段の下落に加え、中国をはじめとする新興国・資源国経済に対する先行き不透明感を挙げましたが、それ以上に、**円高を伴った金融市場の不安定化が大きな懸念事項**でした。

　金利には本来ゼロ以上には下げられない制約があります。しかし、2016年時点では欧州中央銀行（ECB）をはじめ、欧州の一部中央銀行でマイナス金利政策が実施された実績がありました。日本銀行はこうした状況を踏まえ、2016年1月29日に「**マイナス金利付き量的・質的金融緩和**」の導入を決定し、従来の異次元緩和に加え、マイナス金利政策をスタートさせました。

　マイナス金利政策が実施されても、預金やローン金利がマイナスになったわけではありません。日本銀行が実施したマイナス金利政策とは、**銀行などが日本銀行に準備預金（当座預金）を預けた際、その額が一定限度を超えた部分についてのみ、マイナス金利となる（＝銀行が日銀に金利を払う）**というしくみであり、銀行以外の一般の利用者にはほぼ関係のないものでした。

マイナス金利政策のしくみと問題点

　預金金利はマイナスになりませんでしたが、マイナス金利政策は銀行間市場をはじめ、**市場の金利の一部をマイナス化する効果**がありました。日銀当座預金の一部をマイナス金利にしたことで「日銀に預けるくらいだったら、マイナス金利でも良いから（＝お金を貸す側が金利を払っても良いから）市場で貸しても良い」銀行が現れたためです。しかし、このことが**マイナス金利政策の欠点**でもありました。銀行の重要な利益源である金利収入を減らす効果を持つ政策だったためです。

MEMO マイナス金利政策の弊害を見抜いた市場は、リスクを避ける反応を強め、円高や株安が起きた。市場関係者はこうした反応をみて、「（金融政策の）逆噴射」などと形容した。

マイナス金利政策の概要

● マイナス金利政策のしくみ

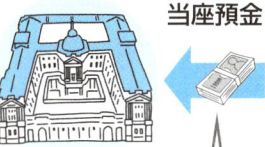 日本銀行　　 民間銀行　　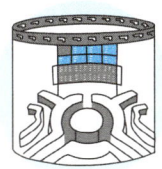 銀行間市場

当座預金　　　　　　貸出

民間銀行が日銀に預ける当座預金が一定額を超えると、超過分だけ−0.1％の金利を課す。つまり、日銀に預ける残高が増えると、その分銀行は損をする

日銀当座預金のマイナス金利適用を嫌った民間銀行は、−0.1％よりも高い金利であれば、金利がマイナスであっても銀行間市場にお金を貸し出すようになります。

● マイナス金利政策下での銀行間市場金利の推移

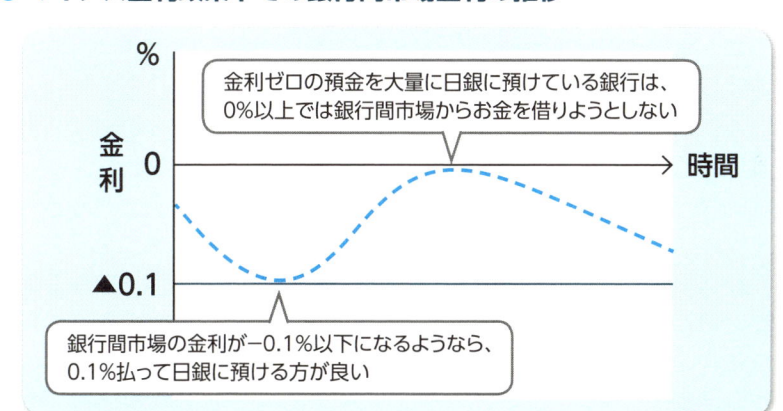

金利ゼロの預金を大量に日銀に預けている銀行は、0％以上では銀行間市場からお金を借りようとしない

% 金利 0 時間 ▲0.1

銀行間市場の金利が−0.1％以下になるようなら、0.1％払って日銀に預ける方が良い

Check

マイナス金利政策の発想の原点は、お金をお金のまま持つことにペナルティを課すことで、無理やり使わせようというところにありました。しかし、日本銀行を含め、マイナス金利の弊害や一般市民からの強い反発を恐れた中央銀行は、マイナス金利の影響が及ぶ範囲を銀行に限定しました。銀行はいくらペナルティを課されても、お金を貸してほしいという需要がなければお金を貸すことができないため、甘んじてマイナス金利の影響を受けざるを得ない立場となってしまいました。

金融政策の総括的検証

POINT
- 異次元緩和とマイナス金利政策も実を結ばず
- 異次元緩和の効果を分析し政策を見直し
- 「量」の拡大から「長短金利操作」へと手段を変更

◤ 異次元緩和の功罪の見直し

　異次元緩和に加えて、マイナス金利政策というさらに異例の政策を採用したにも関わらず、物価上昇率年2%の目標はおろか、金融市場の安定化も十分には達成できませんでした。こうした状況を踏まえ、**日本銀行はさらなる政策の見直しに動きます**。見直しのベースとして、異次元緩和の効果と副作用について議論の整理をおこなったのが、**「量的・質的金融緩和」導入以降の経済・物価動向と政策効果についての総括的な検証**（「総括的検証」）であり、2016年9月21日の金融政策決定会合においてその報告がなされました。

　総括的検証では、異次元緩和が効果を発揮した部分と効果が不十分なものに終わった理由、さらにはその副作用が示され、それらに基づいて異次元緩和をどのように修正すべきか、望ましい金融政策の枠組みは何かが検討されました。

　総括的検証の結論を大胆に要約すると、①日本がデフレ脱却に手間取っている理由には人々のインフレ予想が、現実の低いインフレ率に影響されやすい傾向があること、②そのため異次元緩和の効果が発揮されるには長い期間が必要であること、③一方、異次元緩和で金利を下げすぎること、具体的には長短金利の差を縮めすぎてしまうことに一定の弊害の可能性があること、といったものでした。

◤ 「長短金利操作」への移行

　以上の結論から日本銀行が導き出した望ましい政策の姿は、（「量」ではなく）**短期から長期の金利全体を政策的にコントロール**し、インフレ予想を引き上げるのに**十分な長い期間を通じて低めの金利環境を維持しつつ、金利が下がりすぎる弊害も最小化する**というものでした。

　総括的検証を経て決定された政策は、「長短金利操作付き量的・質的金融緩和」と名付けられました。その詳細については、次項で説明します。

「総括的検証」から得られた結論

日本銀行は物価上昇率年2%の目標を達成できず、さらなる政策の見直しに向けて「量的・質的金融緩和」導入以降の経済・物価動向と政策効果について検証をおこなった

(1) 量的・質的金融緩和の効果を評価

- 実施後に日本の経済・物価は好転し、デフレではない状態が実現
- もしも「量的・質的金融緩和」をおこなっていなかった場合、デフレが続いていた可能性

(2)「物価上昇率2%」が実現しなかった理由

- 原油価格の下落・消費税率の引き上げ・新興国経済の減速・円高の影響により、現実のインフレ率が下がることで予想インフレ率が下がった
- 日本の予想インフレ率は現実のインフレ率の影響をとりわけ受けやすい

(3) マイナス金利政策による効果と副作用

- マイナス金利政策は、長期の金利をより大きく押し下げる効果を持った
- 長期の金利が下がりすぎることは金融機関の収益を圧迫する恐れがある
- 金利が同じくらい下がった場合、1～2年の金利が下がった場合の効果が一番大きく、年限が長くなるにしたがって効果は小さくなる

つまり、「異次元緩和」と「マイナス金利政策」の効果は認めつつも、長い時間を必要とすると考えました。しかし、同政策を長期間おこなうと金融機関を圧迫してしまう副作用があると結論づけられました。

検証の結果

望ましい政策は…

- ▶「量」ではなく、長短金利両方をコントロールする手段を取ること
- ▶ 長い期間、低めの金利を維持すること
- ▶ 金利が下がりすぎる弊害を最小化すること

長短金利操作（YCC）

POINT
- ●「長短金利操作付き量的・質的金融緩和」を導入
- ●「量的」な政策から「金利」を目標にした政策へ変更
- ●短期決戦から長期持久戦へ移行

■ 長短金利操作付き量的・質的金融緩和の導入

　2016年9月21日、総括的検証を経て決定された「長短金利操作付き量的・質的金融緩和（イールドカーブ・コントロール。以下YCC）」の最大のポイントは、マイナス金利政策に加え、**10年国債金利にゼロ％程度という誘導目標を設定した**ところにあります。PART4で、一般的に中央銀行は「翌日物」など、ごく短い期間の金利しか操作しないと説明しました。この点で、10年という長い期間の金利にも目標を設定し操作する政策は、それまで日本銀行がおこなっていたのとは違った意味で「異次元」の政策だったといえます。

　YCCは、政策の正式名称に「量的」の言葉が残っていること、長期国債の買い入れ額について「保有残高の増加額年間約80兆円」という金額が残されていたことから、引き続き量的金融緩和が継続しているような印象を与えるものでしたが、国債買い入れの金額が「目標」から「目途」に変更されていたことから、金融政策のあり方は明確に**「量的」な政策から「金利」を目標にした政策に回帰した**と考えられます。

■ 短期決戦から長持ちする政策への移行

　YCCへの移行は、日本銀行の金融政策が、2013年4月に黒田総裁が開始した2年程度で年2％のインフレ目標達成を目指す**「短期決戦」的な政策から、長期的な持久戦へ転換した**ことも意味します。その背景にあったのが、前項で説明した総括的検証での発見です。つまり、年2％のインフレ目標を実現するには、人々のインフレ予想が現実に引きずられやすい日本では**長い時間がかかる可能性**がある一方で、特に長期の金利を大きく低下させる思い切った金融緩和政策は長く続けるほど**金融機関の利益などに副作用をもたらす恐れがある**という結論です。YCCは、日本銀行が長期持久戦を戦える政策のしくみに切り替えた姿であると考えられる根拠はここにあります。

MEMO 隠れた量の縮小を意味する「ステルステーパリング」。YCC導入後、日銀が密かに国債買い入れ額を減らしていくとの市場の疑念を指す言葉として使われたが、実際には秘密ではなかった。

長短金利操作付き量的・質的金融緩和

● 総括的検証を経て打ち出した改善策

日本銀行

短期金利には　　　　　　　　長期金利には

| マイナス金利政策 | 10年国債金利ゼロ%程度の誘導目標 |

長短金利操作付き量的・質的金融緩和（YCC）

> 総括的検証で課題となっていた「政策の長期化における副作用」に対してYCCを導入することで解決を図りました。

● 「イールドカーブ・コントロール（YCC）」のイメージ

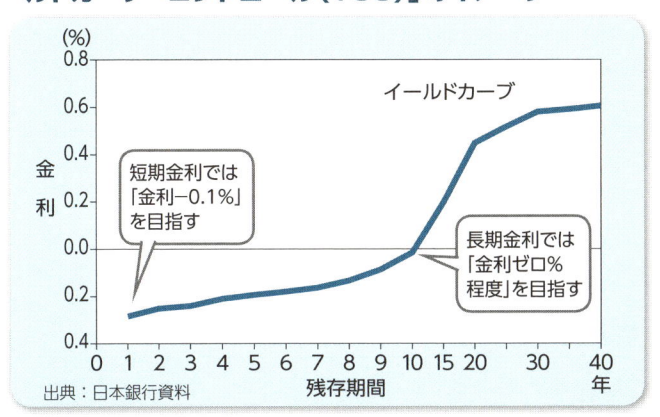

(%)

イールドカーブ

金利

短期金利では「金利−0.1%」を目指す

長期金利では「金利ゼロ%程度」を目指す

残存期間　年

出典：日本銀行資料

Check

長短金利操作（政策）を評価する際に重要なポイントは、一般的な金融緩和がもっぱら金利を下げることを目指しておこなわれるのに対し、「金利を下げすぎない」という視点が盛り込まれたところにあります。この点は、のちに日本銀行が異次元金融緩和から脱却していく際、金利をスムーズに上げることを事実上容認、正当化するものであったとも考えられます。YCCは、金融緩和を止めやすくする政策の変更だったといえるかもしれません。

YCCの危機-（1）消費増税

POINT

- ●消費税の増税がYCCにとって最初の障壁となった
- ●障壁への対応として低金利の長期間維持を約束
- ●長く政策を続ける約束が長期金利をより下げる矛盾

▶ 消費増税が問うYCCの真価

　2016年9月のYCC導入によって、日本銀行の金融緩和政策は「持続性」、すなわち長く続けやすいという性質を獲得したといえます。しかし、その道のりは決して順調なものではありませんでした。YCCが直面した最初の壁は、2019年10月に予定されていた**消費増税とそれに伴う経済の悪化リスク**でした。

　日本銀行は2018年半ば頃から、消費増税に伴う経済の悪化リスクへの警戒を示しはじめました。リスクへの具体的な対応として日本銀行がおこなったのは、「フォワードガイダンス（先行き指針）」を示し、**低金利をより長期間維持することを市場に対して約束する**という対応でした。

　具体的には、2018年7月31日の金融政策決定会合において「強力な金融緩和継続のための枠組み強化」を決定し、「日本銀行は、2019年10月に予定されている消費税率引き上げの影響を含めた経済・物価の不確実性を踏まえ、当分の間、現在のきわめて低い長短金利の水準を維持することを想定している」との宣言をおこないました。

▶ 長持ちする政策をより長く続ける約束

　YCCの枠組みの中で、金利に関するフォワードガイダンスを付け加えるという手法は、もともと「長持ち」を狙っておこなっている政策を、より長く続けることを約束することに相当するものであるといえます。この点で、フォワードガイダンス導入を「（金融緩和の）枠組み強化」と呼ぶことは自然なことと考えられます。しかし、フォワードガイダンスは、低金利政策を長く続けることによって、**より満期の長い金利を押し下げる効果を狙った**ものでもあります。YCCがもともと、満期の長い金利の下がりすぎをコントロールする狙いも持った政策であることを踏まえた場合、**YCCにフォワードガイダンスを付加することには、自己矛盾の側面もある**とも考えられます。

MEMO 経済環境悪化の懸念などを背景に金利が下がりすぎてしまった際、日本銀行が国債買い入れ額を減らしても金利の低下しすぎを止められないという点がYCCの限界といえる。

消費増税に対する日本銀行の対応

日銀はYCCを導入し物価上昇率2％の目標を目指したが、2019年の消費増税で経済が悪化するリスクが生まれた。この状況に対して日銀が示したフォワードガイダンスを読み解いていく

「強力な金融緩和継続のための枠組み強化」
（2018年7月31日決定）

日本銀行は、

> 2019年10月に予定されている消費税率引き上げの影響を含めた経済・物価の不確実性を踏まえ、

> 当分の間、

> 現在のきわめて低い長短金利の水準を維持することを想定している

① 金融緩和・低金利状態を長く続ける条件

消費増税による経済悪化が実現しないのであれば、金融緩和・低金利状態が変わってくる可能性も示唆している

② 低金利状態の期間は明示せず

①の理由に示した条件が続く限り低金利状態を続けることを示唆し、この段階では明確な期日を示していない

③ 継続と約束する具体的な状態

日銀が継続を約束するのは、「どのような状態か」を示している。ここでは、「現在と同程度のレベルの金利」を政策的に保っていくことを示唆

> 低金利政策の長期化に伴う副作用への対応としてYCCを導入しましたが、消費増税による経済悪化が危ぶまれ、長期にわたり低金利状態を保つ約束をするという矛盾を抱えたフォワードガイダンスとなりました。

Check

異次元金融緩和の軸をYCCに移したことの隠れた狙いのひとつが、異次元金融緩和を止めやすくすることにあったとすれば、消費増税に伴う経済の悪化懸念に直面し、さらに金融緩和を強化しなければならないという事態に直面したのは、日銀にとっては一種の見込み違いだったとも考えられます。この点で、YCCをより長く続ける姿勢を示すフォワードガイダンスの導入は、「苦肉の策」であったともいえます。

YCCの危機-(2) 円高

POINT
- 日銀は円高リスクへの対応も迫られた
- 時期を明示したフォワードガイダンスの強化で対応
- さらなる利下げのアピールで円高懸念に対抗

▮ 消費増税に加え、円高リスクへの対応を迫られる

　2018年頃から、海外経済に減速の兆候が表れ、米FRBなど海外中央銀行が利下げを開始する可能性が高くなると、日本銀行は円高に伴って物価上昇の勢いが鈍化し、**年2%のインフレ目標達成から遠のくことへの対応を迫られはじめました。**その手段も、フォワードガイダンスを用いることでした。

　2019年4月25日の金融政策決定会合では、「当分の間、現在のきわめて低い長短金利の水準を維持する」としていたフォワードガイダンスを、「少なくとも2020年春頃まで」と**時期を明示して明確化**しました。この対応は、日本のゴールデンウィーク中、市場での取引が少なくなるタイミングで、「**フラッシュクラッシュ**」と呼ばれる急激な為替レートの変動（＝円高）が起きることを牽制したものであったとみられます。

▮ 「マイナス深掘り」余地をアピール

　2019年夏場になり円高懸念がさらに強まると、**日銀はさらなる利下げを匂わせるフォワードガイダンス導入に乗り出しました。**2019年7月30日の金融政策決定会合では「先行き、『物価安定の目標』に向けたモメンタムが損なわれる惧（おそ）れが高まる場合には、躊躇なく、追加的な金融緩和措置を講じる」との文言を声明文に付け加えました。同年9月の日本経済新聞インタビューでは、黒田総裁（当時）がマイナス金利の「深掘り」が金融緩和の選択肢に「間違いなく入っている」と明言しました。同年10月31日の金融政策決定会合では、政策金利について、「『物価安定の目標』に向けたモメンタムが損なわれる惧れに注意が必要な間、現在の長短金利の水準、または、それを下回る水準で推移することを想定している」との新たなフォワードガイダンスを決定しました。

　市場から不可能であるとみられていた「マイナス金利深掘り」が可能であると強くアピールすることが最大の円高対策となっていました。

○ 用語 **フラッシュクラッシュ**：祝日、市場の休場などで取引量が少なくなる際、少数の投資家の売り（買い）で価格が急変、乱高下を起こす現象を指す。

YCC導入後のフォワードガイダンスの変遷

2018年 7月31日　▶経済状態の悪化が続く限り低金利状態を維持

2019年10月に予定されている消費税率引き上げの影響を含めた経済・物価の不確実性を踏まえ、**当分の間、現在のきわめて低い長短金利の水準を維持**することを想定

2019年 4月25日　▶時期を明確化し急激な円高を牽制

当分の間、**少なくとも2020年春頃まで**、現在のきわめて低い長短金利の水準を維持することを想定

2019年 7月30日　▶さらなる金融緩和を匂わせる

「物価安定の目標」に向けたモメンタムが損なわれる惧れが高まる場合には、**躊躇なく、追加的な金融緩和措置を講じる**

※モメンタム：相場の勢いを表す表現

2019年10月31日　▶「マイナス金利深堀り」が可能であることを強くアピール

政策金利については、「物価安定の目標」に向けたモメンタムが損なわれる惧れに注意が必要な間、**現在の長短金利の水準、または、それを下回る水準で推移する**ことを想定

出典：日本銀行資料より作成

Check

2016年9月に日本銀行が「総括的検証」を経てYCCを導入したのは、このPART5ですでに説明した通り、マイナス金利政策を含む従来の政策の副作用を限定しながら金融緩和を長く続けるためでした。この点で、マイナス金利の深堀りが可能とアピールするのは、自己矛盾ともいえます。日本銀行はこの点を市場に見透かされないよう、いかにマイナス金利深堀りが現実的な選択肢であるかをみせることに腐心せざるを得なかったと考えられます。

YCCの危機-(3) 感染症

POINT
- 感染症流行により世界的に異次元緩和が再開
- 日銀は金融市場の安定化を目的として対応した
- 日銀は金融緩和終了の布石も打ちはじめた

■ 感染症流行で世界的に異次元緩和が再開された

　2020年の年初から流行がはじまった新型コロナウイルス感染症は、瞬く間に全世界に拡散し、感染防止のための外出制限などを通じ、経済活動を著しく麻痺させる結果を招きました。米国など主要先進国・地域への感染拡大が確認された当初の2020年3月には、その影響の大きさや不確実さへの懸念から、世界の株式市場が大幅に下落するなど、金融資本市場も大きく動揺しました。

　新型コロナウイルス感染症が経済や金融市場にもたらす可能性がある甚大な影響を懸念し、米FRBなど日本銀行以外の中央銀行は、いったん終了していた実質ゼロ金利政策や量的金融緩和政策を再開するなど、日本同様の「異次元緩和」の世界に回帰しました。

　一方、日本銀行も2020年3月から5月にかけて、新型コロナウイルス感染症に対応した金融緩和の強化を決定しました。しかし、その内容は、金利にはたらきかけ、それをさらに引き下げるなどして経済全体に影響を与えようとするものではなく、**主に企業に対する資金繰りの支援強化、社債、ETF（指数連動型上場株式投資信託）買い入れ額の増額などを通じた金融市場の安定化**に主眼を置いたものになりました。

■ 感染症対応と並行し異次元緩和終了の布石も

　一方で、日本銀行は感染症対応と並行し、**異次元の金融緩和終了に向けた布石を打つような対応**もみせました。現在の長短金利の水準、または、それを下回る水準で推移するとしたフォワードガイダンスについては、2020年4月27日の決定により、「当面、新型コロナウイルス感染症の影響を注視し、必要があれば、躊躇なく追加的な金融緩和措置を講じる」とし、感染症に紐づけたものに変更することによって、**感染症が収束すれば半自動的にその期限が到来するような記述に変更しています。**

MEMO 感染症に対応し日本銀行が追加した対策の柱は、感染症で困窮した事業者向けに融資を実施した金融機関に日銀からゼロ金利で資金を供給するオペレーションであった。

感染症の拡大に伴う影響と打開策

● 新型コロナウイルス感染症拡大に対する株価の反応

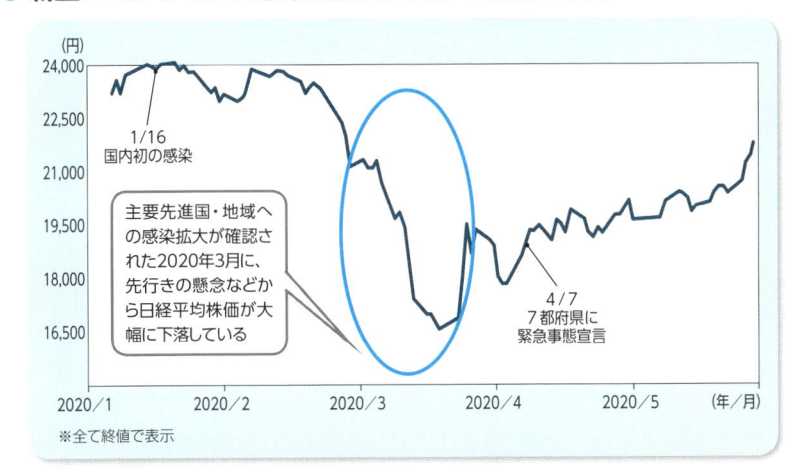

※全て終値で表示

● 感染拡大に対応した日本銀行の主な金融支援措置

新型コロナ対応金融支援特別オペ	民間債務（貸出金など）を担保とした、期間1年・ゼロ％金利での資金供給
国債のさらなる積極的な買い入れ	10年物国債金利がゼロ％程度で推移するよう、上限を設けず必要な金額の長期国債の買い入れをおこなう
CP・社債等買い入れの増額	合計約20兆円の残高を上限に買い入れを実施
ETF・J-REITの積極的な買い入れ	それぞれ年間約12兆円、年間約1,800億円に相当する残高増加ペースを上限に、積極的な買い入れをおこなう

※J-REITとはオフィスビルやマンション、商業施設などの不動産に投資する金融商品でその賃貸収入などを投資家に分配するもの

金融政策をコロナ禍に紐づけた内容に変更することで、コロナ禍収束とともに金融緩和政策を終えることができるように布石を打っているのがわかります。

ⒸⒽⒺⒸⓀ

感染症対応と同時に異次元緩和終了の布石を打つ動きは、2021年3月の通称「政策点検」にもみられました。同点検の結果、YCCの下での長期金利の変動幅は0％の目標に対して±0.25％程度と、従来の同±0.2％程度からやや拡大されました。また、ETF、J-REITの年間買い入れ額上限をそれぞれ約12兆円および約1,800億円と維持しながら、市場が急落した場合に限って買い入れをおこなう対応に改めたのも、異次元緩和終了への布石と解釈できます。

YCCの危機-(4) インフレ

> **POINT**
> - 感染症収束に伴う世界的インフレで海外金利が上昇
> - YCC終了予想が高まり、YCC維持が難しくなった
> - YCCは次第に形骸化していった

◤ 世界的インフレによる海外金利の上昇

　日本銀行が実施してきた異次元金融緩和は、さらに金利の低下を求められるような経済・金融市場の不安定化に対しても脆弱性を露呈しましたが、最大の危機は、むしろ**外部から金利上昇圧力が高まった場合に訪れた**といえます。

　世界的に新型コロナウイルス感染症が収束に向かうにつれ、物価上昇率が加速するインフレが発生し、米FRBなど海外の中央銀行がこれに対応して金融政策を引き締めに転換すると、海外の市場金利も大きく上昇することになりました。世界的インフレの余波で日本国内の物価も上昇しはじめると、日銀が金融緩和を終了せざるを得なくなるとの思惑が高まりました。また、海外金利の上昇につられて国内金利が上昇したこともあって、10年国債の金利をゼロ％程度にとどめる**YCCを日銀が維持できなくなるとの疑念が市場で高まりました。**

　YCCが終わるとの思惑が高まると、長期金利が上昇し、YCCが目標としている10年金利ゼロ％程度維持が難しくなるとの見方が強まりました。また、そのように市場が考えるほど、**国債を売る参加者が増えて金利がますます上がりやすくなる**という悪循環に陥り、YCCに内在していた弱みが露呈しました。

◤ インフレと金利上昇圧力によるYCCの形骸化

　インフレと金利上昇圧力を受け、市場からYCCの「落城」を狙ったような攻撃に晒された日銀は、まず、**ゼロ％程度としている10年国債金利の変動幅を拡大する**ことで、一種のガス抜きを図りました。2022年12月にそれまでの±0.25％の変動許容幅を±0.5％に拡大し、2023年7月にはさらに上限を＋1.0％に引き上げました。このときまでは、金利が上限に達した場合、ほぼ無制限の国債買い入れによって上限を死守する姿勢を維持していました。しかし、2023年10月には＋1.0％の上限を「目途」に変更し、**金利が1％を超えることを事実上容認**しました。ここで、**YCCは事実上形骸化**したと考えられます。

MEMO 金利上限の防衛線を死守する最大の武器が「指値オペ」。指定した金利で、市場から国債を無制限に日銀が買い入れるもの。

インフレ・金利上昇に対応したYCCの柔軟化

● 2023年7月の柔軟化措置

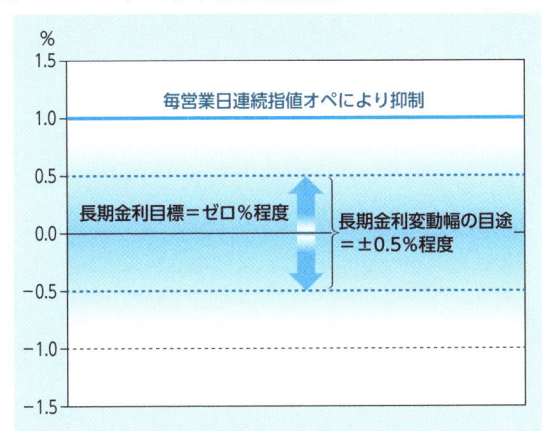

%
1.5
1.0 — 毎営業日連続指値オペにより抑制
0.5
0.0 — 長期金利目標＝ゼロ％程度　長期金利変動幅の目途＝±0.5％程度
-0.5
-1.0
-1.5

金利変動を許容する幅を±0.5％に拡大したあと、さらにその上限を+1.0％に引き上げました。

● 2023年10月の柔軟化措置

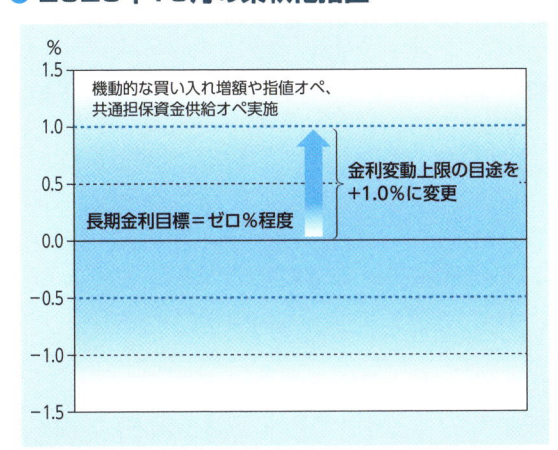

%
1.5
機動的な買い入れ増額や指値オペ、共通担保資金供給オペ実施
1.0
0.5 — 金利変動上限の目途を+1.0％に変更
長期金利目標＝ゼロ％程度
0.0
-0.5
-1.0
-1.5

金利が1％を超えることを容認したことで、事実上YCCは形骸化したんですね。

Ｃｈｅｃｋ

インフレ、金利上昇を受けた日銀のYCC防衛戦は、洪水防止のための治水にたとえられます。日銀が当初おこなった金利の変動幅拡大は、川幅を広げ洪水が起きにくくすること、金利の上限を「目途」に変更したのは、無理に堤防を高くして洪水を防ぐのではなく、意図的に堤防の決壊を容認して洪水の被害を少なくする治水のやり方に似ているといえます。

異次元緩和終了への助走

POINT
- ●異次元緩和の終了に向けて情報を発する日銀
- ●日銀は発信する情報の内容に意図的に振れ幅を持たせた
- ●大きく金利が動かない状態を目指し準備をおこなった

■ 異次元緩和の終了は情報戦

　2023年4月に就任した植田総裁のもとで日本銀行は、海外発の金利上昇圧力に対する対応を進めながら、同時に**異次元緩和終了に向けた「地ならし」も進めていった**と考えられます。その具体的なやり方は一種の情報戦でした。つまり、PART4で説明した「市場との対話」と形容されるような市場に対する情報発信を通じ、来るべき政策の変更、それも2013年以降、長期間続けてきた「異次元緩和」と呼ばれるような極めて異例の金融政策が終わるという大きな転換に、**金融市場の参加者を含めた人々の目を馴らしていく**作業であったといえます。

　右ページのように、異次元緩和終了に向けた日本銀行関係者からの情報発信は、特にそれらを個別にみていくと、一見矛盾したことを示唆しているようにもみえ、時系列で並べてみると大きく揺れ動いているようにもみえます。しかし、**そうした情報発信はあえて意図的におこなわれていた**と思われます。

■ 金利が大きく動かないことを理想とした準備

　日銀が異次元緩和終了に向け、意図的に揺れ、振れのある情報発信を繰り返した目的は、長期間続けてきた異例の政策をストップしても、金融市場を中心に人々が過剰な反応をせず、その結果として金利を中心として金融市場での**さまざまな金融商品、資産の値段が急激に動きすぎない状態を作り出すこと**にあったと考えられます。

　日銀がおこなってきた金融緩和は、「異次元」と形容される通り、極めて異例のものであり、かつ、市場は長期間その状態を当然として動いてきた経緯があります。それだけに、金融市場が不意打ちを受けたような状態にならないためには、極めて周到な情報発信を時間をかけておこなうことで、徐々に金融緩和が終わることに馴らしていく必要があったといえるでしょう。

MEMO 金融市場が不意打ちを食らい、結果として金利、株価などが急変動することを「サプライズ」と表現することがある。

異次元緩和終了に向けた情報発信の変遷

時　期	発言者等	情報発信の概要
2023年 7月7日付 日本経済新聞	内田副総裁	「金融引き締めが遅れて2%を超えるインフレが継続するリスクよりも、拙速な緩和修正で2%目標の達成の機会を逃してしまうリスクの方が大きい。」 →異次元緩和終了に否定的内容
7月28日		YCC運営の柔軟化を決定
9月9日付 読売新聞	植田総裁	「マイナス金利の解除後も物価目標の達成が可能と判断すれば（解除を）やる。（そのために）十分だと思える情報やデータが年末までにそろう可能性もゼロではない。」 →異次元緩和終了に前向き
10月31日		YCC運営のさらなる柔軟化を決定
12月7日 国会答弁	植田総裁	「年末から来年にかけて一段とチャレンジングになると思っているので、情報管理の問題もきちんと徹底しつつ、丁寧な説明、適切な政策運営に努めていきたい。」 →異次元緩和終了に前向きと解釈された
12月27日	2023年12月 金融政策決定会合 「主な意見」	「基調的な物価上昇率が2%を大きく上回ってしまうリスクは小さい。現在、慌てて利上げしないと、ビハインド・ザ・カーブ（手遅れ）になってしまう状況にはなく、少なくとも来春の賃金交渉の動向をみてから判断しても遅くはない。」 →異次元緩和終了にやや後ろ向き
2024年 2月8日 講演	内田副総裁	「仮にマイナス金利を解除しても、その後にどんどん利上げをしていくようなパスは考えにくく、緩和的な金融環境を維持していくことになると思います。」 →異次元緩和終了そのものではなく終了後の利上げに後ろ向き
2月29日 講演	高田審議委員	「不確実性はあるものの、2%の『物価安定の目標』実現が漸く見通せる状況になってきた。」 →異次元緩和終了に前向き
3月7日 記者会見	中川審議委員	「（金融政策決定会合まで）まだ10日間あります。（中略）その間にもヒアリングですとか各執行部の調査が引き続きおこなわれていますので、こういったものを聴取する時間としては十分にあるのではないかというふうに思います。」 →3月会合で異次元緩和終了の決定が可能なことを示唆

異次元緩和の終わり方

POINT
- ●日本銀行は11年間続けた異次元緩和の終了を決定
- ●一般的な金融政策に戻ることを意味する
- ●不連続な金利変化を起こさず金融政策を変更

▶ 異次元緩和の幕引き

　日本銀行は2024年3月19日「金融政策の枠組みの見直しについて」と題する声明を発し、**異次元緩和を終了**しました。声明文では、「長短金利操作付き量的・質的金融緩和」の枠組み、およびマイナス金利政策はその役割を果たしたとの判断を示し、**短期金利の操作を主たる政策手段とする金融政策に移行する**ことを宣言しています。PART5で説明してきた「異次元」と形容される、通常は実施されないような金融政策から、PART4で説明した通常の**一般的な金融政策に戻った**ことを意味します。

　異次元緩和の幕引きにあたり、日銀が異次元緩和の「終了」や「解除」といった表現を用いず、「金融政策の枠組みの見直し」と表現したことには大きな意味があります。声明文では**「現時点の経済・物価見通しを前提にすれば、当面、緩和的な金融環境が継続する」**との判断を示し、異次元の金融政策の終了が直ちに金利全般の上昇を通じて金融政策の引き締めにつながるわけではないことを周知しています。

▶ 周到な準備で不連続な金利変化を回避

　日銀が、「当面、緩和的な金融環境が継続する」との姿勢をしっかりと示したうえで、異次元緩和を終了したことが奏功し、異次元緩和終了前後において市場金利、特に期間の長い金利については**不連続な水準の変化を起こすことなくスムーズな金融政策の変更に成功**しました。異次元緩和終了による市場金利の大幅な上昇が避けられたことは、前項で説明したような異次元緩和終了に向けた日銀の周到な準備、特に市場に対する情報発信の賜物でもあったと考えられます。異次元緩和終了以降、為替市場においてドル円レートがむしろ円安に向かったことが一部で批判を浴びましたが、金利の急変を回避できた功績の方をむしろ評価すべきであると考えられます。

MEMO 異次元緩和終了後も緩和的環境が維持されたのは、緩和終了が、インフレ目標の実現ではなくその見込みが高まった段階で実施された見切り発車だったためである。

異次元金融緩和の終了

● 日本銀行の異次元緩和終了に伴う立ち回り

異次元緩和 終了
- 短期金利の操作を主たる政策手段とする
- すぐに金利を上げて金融引き締めをおこなうわけではない

日銀が今後も当面、緩和的な金融環境が続くことをしっかりと示したため、金融市場での急激な変化を招くことはなかったんですね。

● 異次元緩和開始から終了前後までの満期別国債利回り

凡例:
- 2年債
- 5年債
- 10年債
- 20年債

（縦軸：%、2.0／1.6／1.2／0.8／0.4／0.0／-0.4）
（横軸：2013/1、2015/1、2017/1、2019/1、2021/1、2023/1　年／月）

日銀は「長短金利操作付き量的・質的金融緩和」の枠組み、およびマイナス金利政策は、その役割を果たしたと判断し、その政策の終了を告げました。

Q&A

Q 緩和的環境が維持される「当面」とは、どの程度の期間なのですか？

A 期間については、異次元緩和終了後の金融環境に依存します。緩和しすぎの金融環境にあるのであれば、その状態は早めに解除される可能性があります。そのような「金融環境がどの程度緩和的か」を測定するモノサシとなるのが、PART1で解説した実質金利です。ゼロ金利を前提として、今後、予想インフレ率が大きく上昇するようならば、実質金利が下がりすぎの状態になり、緩和状態が解除される可能性が出てきます。

異次元緩和「後」の政策

POINT
- 日本銀行は無担保コール金利を操作する指針を掲げる
- 日銀当座預金の利息でお金の量を調整する
- 国債の買い入れを継続し需給バランスを調整

■ 異次元緩和後の金利コントロール

異次元緩和の終了に伴って、日銀は短期金利の操作を主たる政策手段とする金融政策に移行すると宣言しました。

異次元緩和終了後、日銀は主たる政策手段である**無担保コール（翌日物）金利**を、「0～0.1％程度で推移するよう促す」との指針を掲げ、2024年7月にはこれを「0.25％程度」に引き上げました。しかし、これまで長期間にわたり異次元緩和を続けてきた結果、国内の銀行が日銀当座預金に500兆円を超える資金を貯めこんでいることから、銀行間市場で少しでもプラスの金利がつくと、日銀当座預金からお金がどっと市場に流れ込み、金利は日銀の目標を大きく下回ってしまう可能性が高くなります。

こうして「市場で決定される金利を日銀が誘導する」という政策のスタイルが破綻することを防ぐため、日銀は**義務として定められる準備預金を超える日銀当座預金に目標と同程度の利息を付けるしくみ**を導入しました。これを「超過準備預金付利」と呼んでいます。

■ 国債の買い入れも徐々に減額しながら継続

一方、市場全体の金利が大きく上昇してしまうと、銀行は日銀から次々に資金を引き出す誘惑に直面し、その結果、**日銀は資産として抱えている大量の国債保有を継続できなくなる**恐れが出てきます。それは同時に、市場に大量の国債が出回り、需要と供給のバランスを崩してしまう結果として、国債の金利（利回り）が急上昇することも意味します。

異次元緩和終了に伴い、こうした混乱が生じることを避ける必要があるため、日銀は異次元緩和、特にYCCのもとでも続けていた**市場からの国債の買い入れを、徐々に金額を減らしながら継続する方針**を示しました。

用語 　**超過準備預金付利**：民間銀行が日銀へノルマとして預ける準備預金額を超える預金額に対して、日銀が払う金利。超過準備預金付利は、銀行間市場金利の上限を決定する目安にもなる。

異次元緩和終了前夜の日本銀行の資産と負債

異次元緩和終了前夜の日本銀行のバランスシート

資　産	負　債
国債 592	日銀券　125
	法定準備預金　13
	その他日銀当座預金 531
その他資産　158	その他負債　82

数値は金額、単位＝兆円

注：2023年12月末現在の残高を表示

法定準備預金を超える日銀当座預金（「その他日銀当座預金」部分）に利息をつけるしくみを**「超過準備預金付利」**と呼びます。

市場全体の金利が大きく上昇すると日銀当座預金から多くの資金が引き出されてしまうため、日銀は市場からの国債の買い入れを継続し、国債の需給バランスを調整しているんですね！

Ｃｈｅｃｋ

金利がお金の余り具合によって決まる原理からすると、日銀が異次元緩和を終了し、「金利のある世界」が到来し、「どの程度の金利のある世界を実現するか」を考える場合、それは日銀が異次元緩和を通じて大量に増やしていたお金の量をどのようにコントロールしていくかの問題でもあることになります。

世界の異次元緩和の終了

POINT
- 感染症収束後、海外では異次元緩和が終了
- インフレ急加速に伴って急速な利上げへ転じた
- 米国では量的金融引き締めも実施

▶ 海外でもコロナ禍で再開された異次元緩和が終了

　2020年初頭から世界的流行がはじまった新型コロナウイルス感染症の影響により、日本以外の主要国・地域中央銀行においてもゼロ金利政策や量的金融緩和など、異次元の金融緩和が開始・再開されはじめたことはすでに説明しました。

　一方、2021年年初から、米欧諸国でワクチン接種が開始されたことなどから感染症の流行が収束に向かい、経済活動が正常化したこと、それと連動して感染症からの経済回復を見越した資源・原材料市況の高騰が生じたことや、コロナ禍でストップしていた生産活動の再開が間に合わずに一部の産品に品不足が生じたことなどを背景として、**物価急上昇、インフレ率の急加速が発生**しました。

　日本以外の地域、特に米欧先進地域の中央銀行は、コロナ禍終了とインフレ加速に対応し、異次元金融緩和を終了するだけでなく、**急速な政策金利の引き上げを伴う金融引き締めへと転じていきました。**

▶ 日銀とは異なる海外の異次元緩和の終わり方

　異次元緩和終了後も「当面、緩和的金融環境が維持される」としている日銀と異なり、海外主要先進国・地域中央銀行の金融政策は、**急激な政策金利引き上げを伴い、また、その波及効果が急激な市場金利の上昇にもつながるもの**でした。

　さらに、米国FRB（連邦準備制度理事会）については、政策金利の引き上げだけでなく、量的金融引き締め（QT）、すなわち、異次元緩和を通じて買い入れた国債の売却を伴った、**中央銀行の資産量、お金の供給量の縮小を伴っていました。**

　コロナ禍に対応して、日銀同様の異次元緩和に乗り出した海外の金融政策ですが、その終わり方は日銀とはやや異なるものであったといえます。

MEMO 感染症の収束後、海外のインフレが急激であった理由は、雇用逼迫や賃金過熱が深刻で、賃金と物価が相乗的に加速しあう「インフレスパイラル」が生じたためだと考えられる。

米国での異次元緩和の終え方

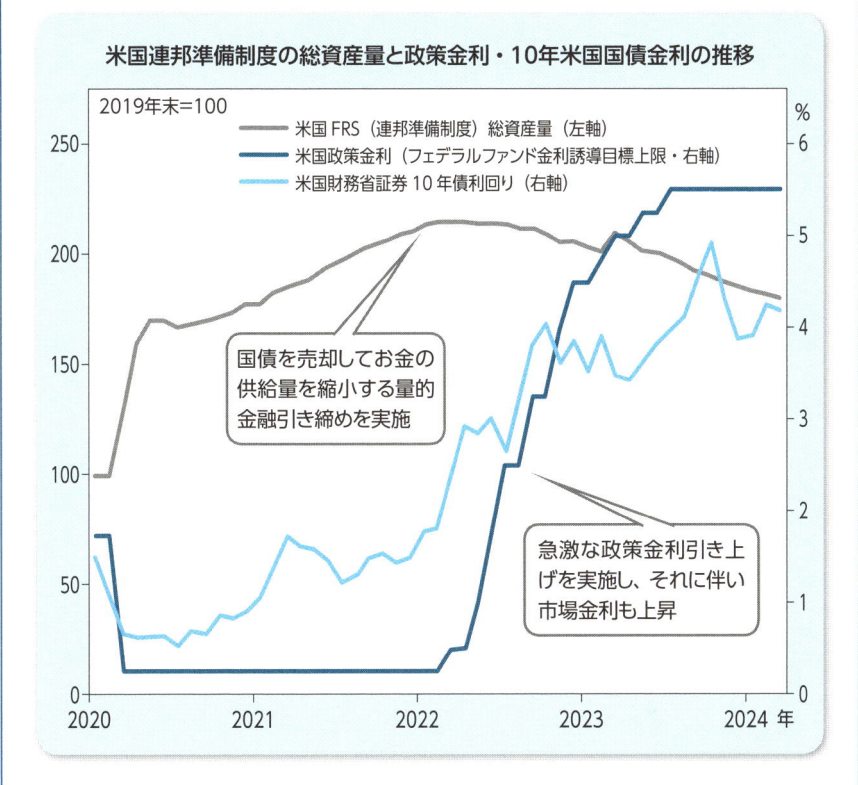

米国連邦準備制度の総資産量と政策金利・10年米国国債金利の推移

2019年末＝100

- 米国 FRS（連邦準備制度）総資産量（左軸）
- 米国政策金利（フェデラルファンド金利誘導目標上限・右軸）
- 米国財務省証券 10 年債利回り（右軸）

国債を売却してお金の供給量を縮小する量的金融引き締めを実施

急激な政策金利引き上げを実施し、それに伴い市場金利も上昇

日本よりもインフレが急激だった米国では、急速な政策金利の引き上げがおこなわれ、それに伴って市場金利が大きく上昇しました。それとともに、国債を市場に売却してお金の供給量を減らす量的引き締めがおこなわれました。

Check

（感染症に対応した）異次元緩和終了後の金利の引き上げ・上昇が、諸外国と日本とで異なった様相となりそうである基本的な背景は、インフレの違いにあります。特に、日本では長く続いたデフレの影響で、人々のインフレ予想が大きくは上昇しておらず、低金利を続けても実質金利があまり下がりすぎていないという認識が、「当面、緩和的な金融環境を維持」するという日銀の姿勢に反映されています。

Column ❺

「気合いインフレ」と呼ばれた金融政策

PART5で取り上げた「異次元緩和」、特に、黒田総裁のもとで日本銀行が開始した2013年以降の「量的・質的金融緩和」を再評価すると、その特徴は、多方面にわたる極めて思い切った金融政策の緩和を同時に実施することによって、日本のさまざまな部分に染み付いた「デフレマインド」、つまり「物価は上がらない」という先入観を打ち破ることを目指したところにあったと考えられます。

異次元緩和導入を決定した2013年4月4日の黒田総裁の定例記者会見について今でも印象に残っているのは、黒田総裁が政策を説明するために準備したパネルに「市場・経済主体の『期待』（ここが赤字で強調されていました）の抜本的転換」という文字がおどっていたことです。

このとき、黒田総裁は「戦力の逐次投入は避け」「できることはすべてやる」とも宣言していました。見え隠れするのは、これまでデフレマインドが打破できなかったのは日銀の政策のやり方が中途半端で小出しだったからであり、思い切った政策を実施し、退路を断つような覚悟を示せば、人々の考え方が変わるのではないかという発想であるようにみえます。

一方で、思い切った異次元緩和とその背景にある前述のような発想は、批判の対象にもなりました。特に、日銀が金融政策で思い切ったことを実施しさえすれば人々のインフレに対する期待が上がるという発想に対しては、「気合いインフレ」といった嘲笑的な批判が持ち上がりました。つまり、実際の経済の動きや物価の動きに対して効果があるという根拠や証拠をもって日銀が思い切ったことをするならばともかく、思い切ったことをすれば人々の気持ちが変わるといったやや非科学的な発想で、退路を断つような政策を実施しているのではないかという皮肉が「気合いインフレ」という言葉には表れています。現実に、異次元緩和実施で示した日銀の思い切った行動が、人々の期待を動かした証拠は乏しいと思われます。言い方を変えれば、気合いだけでは人々の期待は動かなかった可能性が高いと考えられます。

日銀は、異次元緩和をはじめたのち、「生活意識に関するアンケート調査」という家計に対するアンケート調査において、「日本銀行が量・質ともに次元の違う金融緩和（量的・質的金融緩和）をおこなっていることを知っているか」という質問項目を設けていました。ここで「知っている」と回答した割合は約3割程度にとどまりました。対して、「よく知らない」「見聞きしたこともない」人が7割にものぼる状態、つまり、日銀がものすごい「気合い」を入れていることやその意味を知らない人が多い状態であったので、気合いが期待を動かす効果を発揮することは基本的にあり得ない状況でした。

PART 6

「金利のある世界」への希望と不安

長らく続いた異次元緩和が終焉を迎え、「金利のある世界」が到来しはじめています。そのような転換点にある日本経済において金利が持つ意味や役割についてみていきます。

「金利のある世界」へ移る日本

POINT
- 異次元緩和終了に伴い普通預金金利が上昇
- 貸出金利の引き上げは目立っていない
- 日銀の利上げに伴い短期プライムレートも引き上げ

▶ 異次元緩和終了で「金利のある世界」が実現

2024年3月19日に日銀が異次元緩和の終了を決定したことで、日本には「金利のある世界」が到来したといわれます。

異次元緩和終了後、真っ先にみられた反応は**各銀行による普通預金金利の引き上げ**です。メガバンクと呼ばれる大手3行が直ちに普通預金金利を0.001%から0.02%に引き上げました。地方銀行、信用金庫などの地域金融機関もほとんどがこれに追随しています。同様に、定期預金金利も引き上げられましたが、定期預金金利はすでに2023年後半から、市場での中長期国債利回りの上昇などを受けて引き上げが進んでいたため、異次元緩和終了がきっかけになってはじまった動きでは必ずしもありません。

一方、**ローン貸出金利を引き上げる動きは必ずしも目立っていません**。主に大手銀行が企業向けローンに適用している、短期市場金利（多くは、PART2で解説したTORF）連動の貸出金利は市場金利に連動して上昇しましたが、市場金利を参考に銀行が決めた基準金利であるプライムレートは、長期、短期ともに2024年7月の日銀による利上げまでは据え置きとなっている例が大多数でした。

▶ 今後の金利を占うカギのひとつは日銀の利上げ

異次元緩和終了の直後、預金金利と貸出金利で銀行の対応が違っていた背景は、預金金利引き上げが顧客のメリットになるのに対して、**貸出金利は負担増加になるため引き上げを躊躇していた**という事情があると考えられます。しかし、2024年7月に日銀が早くも利上げを実施したことにより、**今後は日銀の政策金利引き上げと連動して短期プライムレートが引き上げられ**、それが貸出金利にも反映されていくことになると考えられます。

MEMO 後々金利に関して交渉せず、当初から一定の基準（市場金利や基準金利）プラスアルファの金利を適用し続ける取り決めのローンを「スプレッド貸し」と呼ぶ。

異次元緩和終了による金融市場での変化

日銀当座預金の一部の金利がマイナス金利から+0.1%になり、民間銀行は以前よりも多くの金利を確保できるようになった

日本銀行	預金金利	民間銀行

−0.1%から+0.1%へ上昇（一部）

この動向を受けて

以前よりも多くの金利を確保できるようになった民間銀行は、当初、利用者の負担となる貸出金利はそのままに、預金金利のみ引き上げをおこなった

民間銀行	預金金利	個人・企業

全般的に上昇

貸出金利

不変（一部を除く）

基本的に、3大メガバンク（三菱UFJ銀行・三井住友銀行・みずほ銀行）が先行すると、それに追随してほかの金融機関も金利を上げます（金利が高いところにお金が集まるため）。このように金融機関は日ごろからお互いの動向を確認しています。

Check

異次元緩和を終了した2024年3月19日の声明文で、日銀は「当面、緩和的な金融環境が維持される」ことを示唆し、同年7月の利上げ決定後も植田総裁が金融環境は緩和的であると主張した通り、緩和的金融環境の維持と利上げの実施は矛盾していません。しかし今後は、日銀が利上げを重ねるとともに、市場金利や預金金利、貸出金利のすべてで本格的な「金利のある世界」へ向かっていく可能性が高まっています。

金利が生まれる出発点

POINT
- 日銀による短期金利操作が金利全体に影響を与える
- 日銀の利上げだけが金利全体が上昇する条件ではない
- 「お金の値段」としての性質が復活

▶ 本当に金利のある世界へ

　異次元緩和の終了で「金利のある世界」が到来しましたが、一部ではまだ金利が上がらず、本当の意味で金利のある世界になりきっていませんでした。

　しかし、2024年7月に日銀が利上げをおこなうといよいよ金利が生まれはじめました。今後についても**短期市場金利（無担保コール翌日物金利）を誘導していくという政策のもとで、日銀がその金利の誘導水準をさらに引き上げていくこと**に応じて、金利もさらに引き上げられていくと考えられます。

　なお、**日銀の利上げだけが市場全体の金利に影響を与える唯一の条件ではない**ことも事実です。特に、比較的期間の長い金利については、これまで日銀がおこなっていたYCCのもとで設定されていた「10年国債金利をゼロ％程度に誘導する」という一種のタガが外れたことで、日銀の手を離れて自由に決まるようになったためです。ここであらためて思い出す必要があるのが、本書のPART 1で解説した金利の本質です。

▶ お金の値段として決まる原理の復活

　金利が日銀の手を離れて自由に動けるようになった際、その動きや水準を決定するのは、PART 1で触れた**「金利はお金の値段である」という基本原理**です。金利がお金の値段で決まる普通の世界に戻った場合、注目する必要があるのは**世の中のお金が余っているのか・足らないのか**であり、お金の過不足に影響するさまざまな要因、すなわち、経済活動の活発さや物価の上がり方、お金を借りている企業や個人の支払能力などの要因がどう動くのかであるといえます。金利のある世界は、**日銀が何でも決めてくれた世界から、私たちが自分で考えなければならない世界への転換でもあります。**

金利が生まれる流れのイメージ

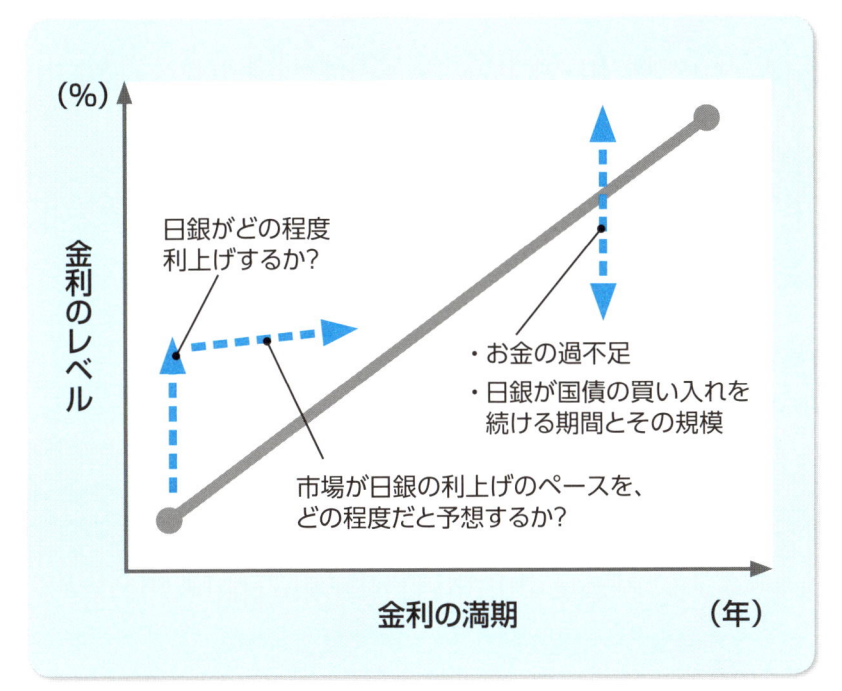

(%)

金利のレベル

日銀がどの程度
利上げするか？

・お金の過不足
・日銀が国債の買い入れを
　続ける期間とその規模

市場が日銀の利上げのペースを、
どの程度だと予想するか？

金利の満期　　　　（年）

日銀は短期市場金利の操作をおこなっていく政策に切り替えましたが、「いつ」「どのくらいの」利上げがおこなわれるのかについての市場の予想や、市場でのお金の過不足によって全体的な金利のレベルが決まっていきます。

Check

長短金利操作を止めたことで、期間の長い金利が日銀の手を離れて基本的に自由に決まるようになったのは事実です。一方で、PART5で説明した通り、日銀は市場からの国債の買い入れを、段階的に減額しながら継続する方針を示しました。この点では、異次元緩和終了後も、長期の金利が日銀の手を完全に離れ市場のフリーハンドで決定されるようになったとは必ずしもいえません。

日銀が発したメッセージの解釈

POINT
- 日銀が示した「当面」「緩和的」の解釈が重要
- 金融緩和を維持する期間は約束されていない
- 引き続き日銀の発するメッセージへの注視が重要

■「当面、緩和的金融環境が維持」の解釈

金利の生まれ方を考えるポイントのうち、日銀がいつ、どの程度の利上げをおこなうかについては、2024年3月19日の異次元緩和終了時に日銀が示した「当面、緩和的金融環境が維持」されるという指針において、**「当面」とはどのくらいの期間か、「緩和的金融環境」とはどのような状態を指すのか**が重要になります。

「当面」の具体的な期間については、その一般的な言葉のニュアンスから推測して、**ある程度長い期間を暗示している可能性が高い**と考えられます。同年3月19日の記者会見において「現在手元にあります見通しを前提にしますと、急激な（政策金利の）上昇というような経路は避けられる」と植田総裁が指摘している点からみても、この解釈は概ね正しいと考えられます。

■ 日銀は具体的な約束はせず

一方で、**日銀が「当面」の具体的な期間、「緩和的金融環境が維持」される条件については何ら明確に示していない事実も重要です**。PART5で解説した用語でいえば、「フォワードガイダンス（先行き指針）」を何も示していないことになります。

前述の植田総裁の記者会見での発言の前には、「短期金利が上がるとして、その場合のペースという点ですけれども（中略）経済・物価見通し次第である」という発言がありました。現在の見通し通りなら急激には上がらないが、**今後の状況次第では違ってくる可能性もある**といっているわけです。やはり、日銀は緩和的環境が維持される「当面」の期間や、金利を上げはじめた場合の上げ方については何も約束をしていないに等しいことになります。

日銀がいつ、どのくらいの幅で金利を上げ続けるかについては、PART4で説明した「市場との対話」を通じて日銀が発するメッセージを注視する必要性が高いといえます。

データ次第な金融政策の決め方

現在の経済状況

今後の日銀の政策に対する金融市場の
予想を反映している

日銀が考える経済・物価に関する今後の見通し

1・4・7・10月公表の
「経済・物価情勢の展望(通称、展望レポート)」で示す

今後の見通しは日銀が目指す
望ましい経済・物価の姿通りか?　**NO** →

YES ↓

今後の見通し通りの経済・物価が
現時点で実現しているか?　**NO** →

YES ↓

政策の見直し

金融市場が予想している通りでない政策で、望ましい経済・物価の実現を図る

見通しに沿った政策を展開

概ね金融市場が
予想している通りの
政策で引き続き運営
(利上げと予想しているの
であれば利上げするなど)

日銀が今後の方針を明確にせず、データ次第で政策動向が変わることが予想される場合、日銀が発するメッセージを都度、注視しておく必要があります。

 **Check**

PART5で説明した通り、フォワードガイダンスは、ゼロ金利という限界に達した金融政策がその限界を乗り越える工夫のひとつです。異次元金融緩和を終了し、金融政策の姿を短期市場金利のコントロールのみとする姿に戻した日銀が、「当面、緩和的金融環境を維持」といいつつ、その期間を示すようなフォワードガイダンスを一切示していないことも、金融政策がようやく普通の姿に戻った象徴といえます。

「当面」の解釈を紐解くカギ

POINT
- 物価上昇率年2%が利上げの基本条件
- 「緩和的」が行きすぎれば利上げして調整する
- 実質金利・予想インフレ率がカギとなる

◤ 緩和的金融環境が終了するまでの「当面」とは

　日銀が緩和的な金融環境を終了するまでの「当面」について、日銀はここまでで説明した通り、事実上「データ次第」としかヒントを与えていません。ここでは、「当面」の時間的な長さを推測する手がかりを探っていきます。

　最も基本的な条件は、日銀が目指している**年2%の物価安定目標の実現確度がさらに高まること**です。この点は、大規模金融緩和を終了した2024年3月19日の定例記者会見で植田総裁が比較的明確に述べています。例えば「基調的物価上昇率がもう少し上昇すれば、それはまた短期金利の水準の引き上げにつながるということになるかと思います」との発言がそれに該当します。

◤ 実質金利・予想インフレがポイント

　当面の期間が終わりに向かう条件を別の観点から指摘すれば、それは**「緩和的な金融環境」にどの程度行きすぎが生じたかによる**ということになります。一般的にも、また現状の日銀においても、金融環境の緩和度は「実質金利の低さ」で測定されている可能性が高いと考えられます。

　PART1の説明に基づけば、**日本の実質金利は、マイナス金利が解除されゼロ金利に戻った状態においては、ほぼ予想インフレ率分のマイナスに等しい**といえます。日銀は、物価・インフレの状況およびその前提となる賃金や経済の状況が、日銀が考える条件に対して一定の臨界点を超えたと判断し、それが大規模金融緩和解除の根拠となったはずです。一方、植田総裁が同日の記者会見で率直に指摘している通り、現実の物価やインフレ率ではなくそれに関する人々の「予想」という点では、「予想物価上昇率というような観点からみてみますと、まだ2%には多少距離がある」といった判断も示しています。**この点で、国内の予想インフレ率がさらに高まらないと、日銀がいう「当面」が終わり、本格的に金利が生まれる世界には到達しない可能性が高い**と考えられます。

MEMO 日銀は、インフレ予想を「2%に『アンカー』」したいという表現を盛んに使う。直訳すれば「錨」の意味であるが、予想を「釘付けする」といった意味で使われている。

緩和的金融環境はいつまで維持されるか

● 日銀が発する「当面」とは

日本銀行

当面、緩和的金融環境を維持します。

- 年2%の物価安定目標の実現確度が さらに高まること
- 「緩和的な金融環境」に行きすぎが 生じた場合

実質金利の点では…

予想物価上昇率というような観点からみてみますと、まだ 2%には多少距離がある。

➡ 国内の予想インフレ率がさらに高まることで「当面」が終わると推測される

● 企業と一般消費者の「予想インフレ」に相当すると考えられる指標

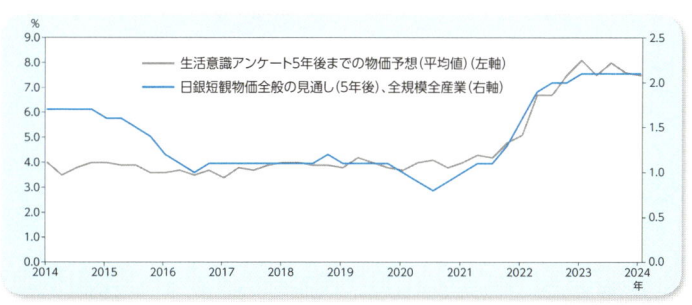

凡例：
生活意識アンケート5年後までの物価予想（平均値）（左軸）
日銀短観物価全般の見通し（5年後）、全規模全産業（右軸）

人々の「予想物価上昇率」をアンケート調査から測定すると、家計の物価上昇予想は日用品の値上げを敏感に反映して高めに出やすく、企業の同予想と必ずしも一致しないという問題があります。

Ⓒⓗⓔⓒⓚ

日本において予想インフレ率を年2%程度にしっかりと定着させるのは、さまざまな理由から想定以上に難しいと考えられます。長年のデフレで、人々が物価は上がるものという認識を失っていることも一因ですが、賃金・給与の形で年々所得が増えていくという立場を離れた年金生活者が高齢化とともに多数派になりはじめているという日本の人口構造も、予想インフレ率を2%に定着させることの難しさと考えられます。

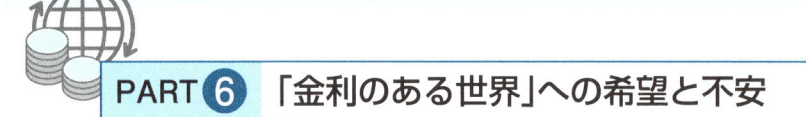

金利のある世界と家計への影響

POINT
- 金利復活は家計に影響を与える可能性
- 金融環境を定点観測した金融システムレポート
- 金利上昇による家計へ好影響を見込んでいる

■「金利のある世界」に身構える日本の家計

　日銀による大規模金融緩和の解除が近づき、それが2024年3月に実現すると、日本経済新聞など経済専門紙（誌）だけでなく、地上波TVを含む一般のメディアにおいても、金利が生活や家計に与える影響を取り上げる例が増えていきました。このPART6で最初に取り上げた金利の復活である普通預金金利の例では、金利が引き上げられたとはいえわずか0.02％でしたが、さらに0.1％になったことで、それまでの0.001％に比べれば実に**100倍**になり、日常生活への影響を気にする必要がないとは言い切れません。

　預金金利ならば家計が受け取る側ですので、金利の復活は必ずしも心配ごとではありません。一方、住宅ローンなど家計が支払う側において、金利がある世界が到来する問題はより切実です。同年7月に日銀が利上げしたことにより、住宅ローン店頭金利のもととなる基準金利も引き上げの可能性が高くなっています。長らく続いた金利のない世界は、家計や金融機関の感覚を少なからず麻痺させていた面もあります。特に住宅ローンにおいては頭金ゼロ・変動金利型で借りるケースが相当の比率に上っているため、ひとたび**金利が生まれた場合の影響は無視できないものになる可能性**もあります。

■ 日本の家計全体では金利ある世界はプラス

　日銀が半年ごとに公表している金融システムレポートという資料があります。この資料は、金融機関の経営が金利を含む環境変化に耐えられるかを定点観測・点検する趣旨のものです。2024年4月の同レポートは、同年3月の大規模金融緩和解除を踏まえ、金利上昇の影響を多角的に分析したものでした。家計への影響について、年収に対する年間返済額比率が高い家計は金利上昇に対する耐性が低いとの注釈付きながら、**金利上昇は、全体として、所得や利息収支の改善につながることが見込まれる**と楽観的な結論でまとめています。

MEMO 　昨今、頭金ゼロの住宅ローン増加は超低金利に対する安心感だけでなく、共働き世帯が夫婦連帯で住宅ローン（通称、ペアローン）を借りるケースが増えているためでもある。

金融システムレポートが示す利上げの影響

● 日銀が公表する「金融システムレポート」

金融システムレポートとは、原則年2回、日銀から公表されるレポートで、日本の金融システムにおける安定性を評価し、点検するものです。

● 日本の家計全体の金融資産と負債の構造

家計において「支払う金利」よりも「受け取る金利」の方が多いことから、全体的に所得や利息収支の改善につながるとして、日銀は金利の引き上げにおける影響を楽観視しています。

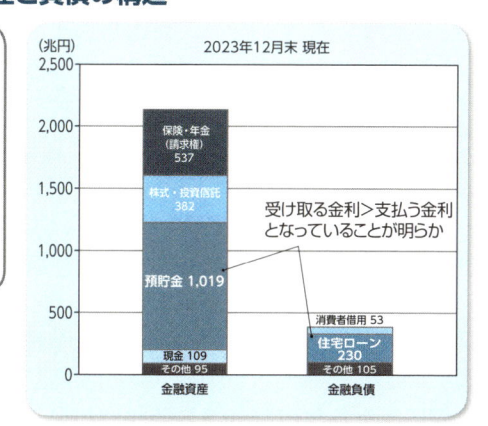

（兆円）　2023年12月末 現在

受け取る金利＞支払う金利となっていることが明らか

保険・年金（請求権）537
株式・投資信託 382
預貯金 1,019
現金 109
その他 95
金融資産

消費者借用 53
住宅ローン 230
その他 105
金融負債

Q&A

Q 家計にとって金利がプラスであれば、日銀は積極的に金利を上げるべきではないですか?

A 金利のある世界は全体としてプラスになりそうだからといって、日銀が積極的に金利を上げて良い、市場の金利が上がるようにはたらきかけて良いとは限りません。借入をおこなっている企業には悪影響が生じますし、また、それによって経済活動が冷え込む懸念があります。次項以降でみる通り、日銀自身や政府の財政に及ぶ悪影響も無視できません。

日銀自身に対する金利の影響

POINT
- 利上げすると日銀が銀行に支払う金利が増える
- 金利上昇は日銀の保有国債の値下がりを招く
- 日銀が赤字を計上してもルール上は倒産しない

金利の誕生は日銀に2つの問題を突きつける

金利が生まれること、もっといえば、**日銀が自ら金利を生み出す金融政策をおこなうことは、日銀自身にとっても重い意味を持ちます**。長年、異次元の金融緩和を続けてきた結果、日銀の資産、負債は膨大な金額にまで拡大しています。この状態で金利が生まれることは、2つの意味で日銀に重大な問題を突きつけます。

第一に、金利を生むために日銀自身が政策金利を上げた場合、異次元緩和終了と同時に日銀が銀行などから預かっている日銀当座預金に日銀が誘導する短期市場金利よりもわずかながらも高い金利をつけているため、**日銀が利上げするほど日銀自身が銀行などに支払う金利が増えていく**ことになります。その金利はわずかであっても、日銀当座預金量が現状500兆円を超えていることを考えると、金額的には無視できないものになります。

第二に、金利が生まれてくると日銀が資産として保有している国債は値下がりします。日銀は国債を満期まで売却する予定はなく、また、会計上も値下がりを評価損失として計上する必要のないルールとなっていますが、異次元緩和のもとで購入した国債の平均満期が約7年間と長い点から、**金利が上がり続けると日銀はかなり長期間にわたって莫大な評価損失を潜在的に抱えたまま**となります。

日銀は赤字になっても倒産を迫られない

日銀は、一般の企業や銀行と違って、**日本銀行法という特別な法律を根拠とする特殊な法人です**。ルール上は、**赤字になっても、さらには債務超過になっても破綻や倒産を迫られることはありません**。しかし、日本円という国の通貨を発行する中央銀行が実質的に倒産状態となることで、円の信用が傷ついた場合に本当に問題がないかどうかは、未知数です。

MEMO 日銀は黒字なら、収益を国に日銀納付金として納めることになっている。赤字になると、これが納付できなくなるので、政治的には強い批判に晒される危険があるといえる。

利上げは日銀の財務に負の影響をもたらす

● 日銀が抱える利上げの問題点

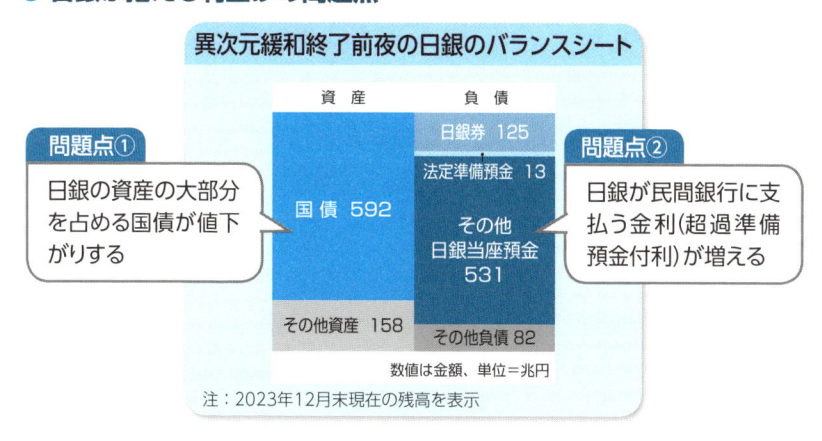

異次元緩和終了前夜の日銀のバランスシート

問題点①
日銀の資産の大部分を占める国債が値下がりする

問題点②
日銀が民間銀行に支払う金利（超過準備預金付利）が増える

資 産
国債 592
その他資産 158

負 債
日銀券 125
法定準備預金 13
その他日銀当座預金 531
その他負債 82

数値は金額、単位＝兆円
注：2023年12月末現在の残高を表示

● 異次元金融緩和下での日銀の経常損益

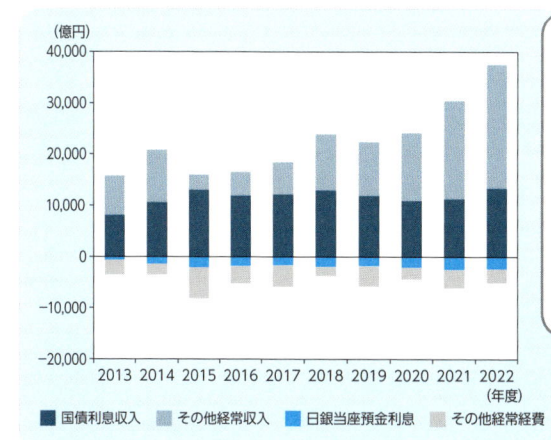

（億円）

■ 国債利息収入　■ その他経常収入　■ 日銀当座預金利息　■ その他経常経費

金利が上がると、国債の利息収入がゆっくりしか増えない一方、日銀当座預金利息が先に大きく増加します。また、ここには現れませんが、国債の値段は下がり評価損失が発生します。

○heck

日銀が前年度の決算を公表するのは、例年5月末頃です。その時点では当年度財政の予算は確定していますので、日銀納付金が多いか少ないかは、予算に対して国の歳入が上振れるか下振れるかを左右することにもなります。歳入が予算より上振れれば、それが補正予算にも計上でき、追加の公共事業費に用いることもできますので、日銀が損失を出すことは、国の予算を何らかの事業費としてあてにしている政治家にとっては由々しき問題ということにもなりかねません。

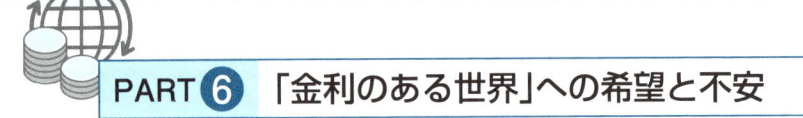

世界最大の借金王と金利の関係

POINT

- 日本は経済規模の2倍に迫る債務を抱える
- 国は多額の借金を抱えるも金利払いは減少
- 国の借金の利払いがいきなり増えることはない

◤ 世界最大の債務国における金利復活への不安

　金利がある世界の到来で心配されるのは、「世界最大の借金王」は大丈夫なのかという点です。つまり、金額にして1,000兆円を超え（2024年度予算に基づく国債残高の試算では1,105兆円）、国の経済規模に対し2倍近い（同試算での公債残高対名目GDP（国内総生産）比は180%）**借金を抱える日本の政府財政が、金利のある世界に耐えられるか**は誰しもが不安を覚える問題です。

　日本の政府債務残高は、1995年度から2024年度にかけての30年間で約5倍に膨れ上がりました。一方、1年あたりの国の一般会計の利払費は、同じ期間に約11兆円から約8兆円へと、逆に3兆円あまり減少しました。**金利がないことで、借金の利子支払いがいかに節約できたか**の証拠でもあります。それだけに、金利のある世界での国の借金の行く末が心配されるというわけです。

◤ 国の利払いが急増することはない

　単純計算すれば、政府債務残高が約1,000兆円の場合、金利が1%上がったら利子の支払いが一挙に10兆円増えることになります。しかし、現実にはそのようになる可能性は低いといえます。国の借金は、主に国債を発行することで賄われています。**国債の平均残存期間は、9年2カ月（2023年3月末時点）と比較的長い期間**になっており、金利のない時期に発行された国債が相当量を占める状態が当面維持されます。**金利のある世界が到来しても、国の借金の利子の支払いがいきなり増えることは防がれる構図になっています。**

　とはいえ、借金残高が1,000兆円を超える現状では、毎年の赤字の穴埋めのために発行される国債以上に、過去の借金を借り換えるために必要となる国債は大きくなっており、これらを合わせると年間の国債発行額はすでに200兆円を超える規模になっています。金利がある世界は、これだけの国債の発行に対し、今までとは全く違う金額の利子を要求しはじめることを意味します。

MEMO 現在の日本では、10年満期の国債について5回までは借り換えが認められており、60年が経過した時点で償還（完全返済）すれば良いことになっている。

日本政府が抱える国債と金利の関係

● 日本の国債残高の比較

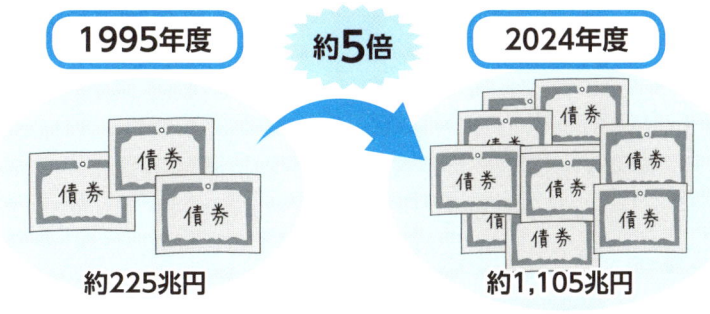

| 1995年度 | 約5倍 | 2024年度 |

約225兆円　　　　　　　　　約1,105兆円

こんなに国が借金を抱えているなか、金利を上げても大丈夫なのかな…?

国債の平均残存期間は9年2カ月であるため、利子がいきなり増えることはありません。

● 長期政府債務残高と国の利払費の関係

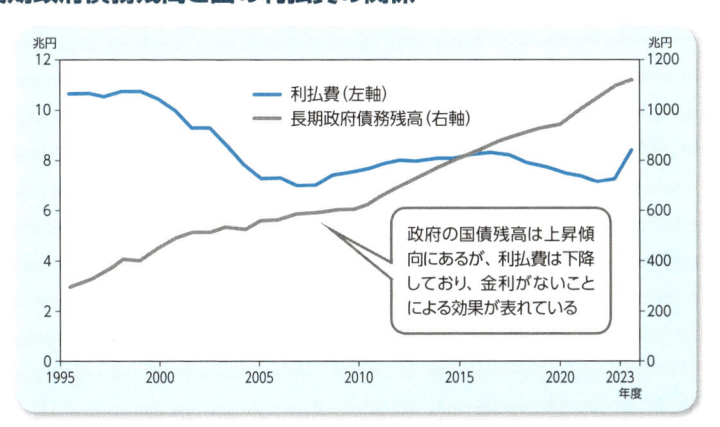

利払費（左軸）
長期政府債務残高（右軸）

政府の国債残高は上昇傾向にあるが、利払費は下降しており、金利がないことによる効果が表れている

Check

政府、財務省が毎年度の予算を策定する際、国債の利払い費を計算するうえでの金利（＝想定金利）はかなり保守的に見積もられているのも事実です。例えば、2024年度予算では、想定金利が1.9%と、2023年度の1.1%から引き上げられました。日銀が異次元緩和を終えた時点で10年国債の利回りはまだ1%に届いていませんから、予算上は1%近い余裕をみて金利の支払いが計算されていることになります。

金利による国の破綻の可能性

POINT

- 金利が払えなければ破綻するのは国も同じ
- 国は企業にはない破産回避の抜け道がある
- 国が破綻する可能性がないわけではない

企業にはない破産回避の抜け道

借金する際に約束した通りに金利を払えなければ、**「債務不履行」という状態**になって破産（破綻）するのは、企業も国も同じです。国だから、政府だからといって金利の支払いが特別に免除されることはありません。一方で、国や政府には一般の企業にはない破産を逃れる抜け道があるのも事実です。

企業であれば、売上が下がり、どれだけリストラしても金利を支払うのに十分な資金が捻出できなくなればそれでアウトです。しかし、国の場合には**金利を支払う資金が足らなくなった場合、必要なだけ税金を引き上げることが可能**です。もちろん、日本を含む民主主義国家では、増税について議会で賛成を得なければならないというハードルはありますが、理屈上は税金でいくらでも金利を賄えるのが国と一般企業の大きな違いではあります。

日本では、財政法という法律で日銀が国から直接国債を買う（「引き受ける」という）ことは禁止されています。しかし、PART5でみた通り、異次元金融緩和においては巨額の国債を日銀が市場を通じて購入するということがおこなわれていました。これを再現し、再び「金利がない世界」に近づけることによっても国の金利の支払いを限りなく少なくし、破綻を防ぐことはできそうにみえます。

国が破綻する究極の条件がある

ここでは、国が金利を払えなくなり破綻することを防ぐために、日銀が再び「金利のない世界」を作り出すという禁じ手を使っても、なお、**国が破綻してしまう可能性がありうる**ことを説明します。異次元緩和を実施しているときには、日銀が年間80兆円というようなハイペースで国債の保有を増やしていくのに必要なお金を日銀がいくら発行しても許される状態であったといえます。逆に、**国の破産を防ぐためにお金を増やしている状態を国民が許さなくなったら、その時には国の破産を防ぐ手立てはない**ということになります。

MEMO 戦前戦中は戦費を賄うための国債発行を、日銀が引き受けることで実現させていた。財政法が日銀による国債の直接購入（引受け）を禁止しているのは、その反省でもある。

国も財政破綻する可能性を持つ

| 企 業 | 元本 利子 | 投資家 |

借りたお金を返せず破産

| 国 | 元本 利子 | 投資家 |

借りたお金を返せず破産

借金をした際の約束通りにお金を返せなければ、破産（破綻）してしまうのは、企業も国も同じなんですね。

国は破産を逃れる抜け道がある

不足した資金は税金の引き上げで賄える

国は税金の引き上げで破産を逃れることが理屈上できますが、国民がこれを許さなくなると、逃れることができなくなります。

| 国 |

資金が不足しているので消費税を**20%**にします！

Check

国の借金を賄うために日銀がいくらでも「お札を刷る」といわれることがありますが、これは正確ではありません。紙幣の発行は日銀が勝手にできることではなく、あくまで世の中で必要な分を刷っているだけです。異次元緩和で実現した巨額の国債保有を支えたのは、民間銀行の日銀に対する預金です。国民が国の破産を防ぐために日銀が国債を買っている状態を嫌がり、円で預金することを嫌うようになることが、国が破産に近づく状態と考えられます。

デジタル通貨が金利に与える影響

POINT	● CBDCは中央銀行が発行するデジタル通貨 ● 金利をつけられる現金がCBDCにより誕生 ● 効果的なマイナス金利政策が実現可能に

▶ 中央銀行が発行するデジタル通貨＝CBDC

　ビットコインに代表されるデジタル通貨は、もともと、国や中央銀行による規制のない自由な決済や資金の移動を実現させるために、新しい情報通信技術を使って生み出されたお金です。近年、各国・地域の中央銀行も、自らデジタル通貨を発行するための技術的な研究や検討をはじめています。**中央銀行が発行するデジタル通貨は、「CBDC（Central Bank Digital Currency）」と呼ばれます。**

　CBDCには、現金紙幣につきまとう偽造や物理的な汚損がないというメリットがあります。紙幣のように、目の前に現物を差し出して「自分がいくら持っている」と主張するのではなく、**中央銀行が管理する台帳の上で自分が持っているお金の量を証明するもの**だからです。誰かに支払うという行為も、この台帳の上で、お金の所有者を書き換えるだけで済んでしまいます。

　現金の保有を台帳に電子的に書かれている金額のみで表すというCBDCの特徴は、現金では成し得なかったことを技術的に可能にするものでもあります。それは、**現金に金利をつけるという行為です。**中央銀行が管理する台帳上の金額＝現金ですので、中央銀行が台帳にある金額を何％増やして書き換えてしまえば、現金に金利をつけたのと同じことが実現できます。

▶ CBDCがマイナス金利政策の効果を強める？

　つけられる金利はプラスであるとは限りません。PART５で説明した通り、金利をゼロ以下に下げられないという制約を乗り越えるために編み出した**マイナス金利政策を労せずして実現できる可能性を生み出すのもCBDC**です。すでに実施されたマイナス金利政策と違い、全国民の持つ現金にマイナス金利をつけることが理論的には可能なため、お金が減る前に早く使ってしまうように仕向けることで経済を活性化するというマイナス金利本来の効果が生み出しやすくなります。ただ、**日銀はCBDCを使ったマイナス金利実現を否定**しています。

MEMO 犯罪資金の隠蔽や秘密移転のことを「マネーロンダリング（略してマネロン、資金洗浄）」と呼ぶが、デジタル通貨の使用は当局の監視をかいくぐったマネーロンダリング実現に有効といわれる。

デジタル通貨とCBDCの特徴

● 通貨の分類

		誰が発行するのか	
		民間	中央銀行
媒体タイプ	物理的	地域通貨・商品券など	紙幣
	電子的	暗号資産（ビットコインなど）・電子マネー	CBDC

● CBDCが持つ特徴

日本銀行が定義する **CBDC**

- ● デジタル化されていること
- ● 円などの法定通貨建てであること
- ● 中央銀行の債務として発行されること

メリット

- ● 利用者の利便性の向上
- ● 現金発行・輸送・保管における事故リスク、金銭的コスト削減
- ● 金融政策の効力強化　など

デメリット

- ● 個人情報やプライバシー保護における侵害リスク
- ● 通信障害などに左右されないシステムの強靱性が必要
- ● 民間銀行が担う機能とのバランスが崩壊するリスク　など

Check

仮に将来CBDCが実現すると、PART2で説明したような多種多様な市場とその参加者によって金利が決まるしくみそのものが根本的に変わる可能性もあります。市場や銀行を介することなく、中央銀行の一存で金利が変更できるようになるためです。ただし、その金利が正しいもの、人々にとって好ましいものである保証はありません。中央銀行が経済の全ての状態を正確に把握できない限り、好ましい金利を決定できるとは限らないためです。

フィンテックが金利の持つ意味を変える

POINT
- フィンテックとは金融とITの組み合わせ
- 金利の意味を変える可能性を持つフィンテック
- 金利を決めるのが金融機関のみでなくなる可能性

▌ フィンテックが金利に与える影響

　ここからは、本書で解説してきた金利の持つ意味や特徴を大きく変える可能性を持つ新たな領域について解説します。まずは「フィンテック」です。これは「金融（Finance)+テクノロジー（Technology)」を組み合わせた造語で、この場合のテクノロジーは「IT」と呼ばれる情報（通信）技術を指すのが一般的です。このフィンテックは、これまで**銀行など専門の金融機関や金融市場でしかできなかったことを、一般人の手でも実現できるようにしてしまう可能性**があります。身近な例でいえば、銀行振り込みでしか実現できなかった遠方へのお金の移動が、PayPayなど一部の電子マネー・電子決済システムを使えば銀行を経由せずに実現できるようになっていることが挙げられます。

　その延長線上で、**フィンテックは金利の意味や役割も変える**可能性を持っています。金利には経済・物価の状態や相手の支払能力など、さまざまな情報が組み込まれている一方、その情報は市場でのお金のやりとりや銀行など一部の金融の専門家の手を介さないと得られないものでした。しかし、金融にIT（＝「情報」技術）が融合したフィンテックの力で、これが大きく変わる可能性が出てきています。

▌ 金融機関や市場の意味が変わる可能性

　もし、一般人がフィンテックの力によって市場や銀行を通じてしか得られないお金のやりとりに関わる情報を手に入れられるようになると、**金利はもはや中央銀行や市場、銀行が独占的に決めるものではなくなってくる可能性**があります。一般人がお金のやりとりに関わる、あるいはそこから得られる情報を自由に手に入れられれば、そうした情報を反映した金利は、もはや**一般人が自由に決める**ことができ、また、自由に決めたとしても間違った金利にはならないということになるためです。フィンテックは、本書で説明してきた金利のあり方に革命をもたらす可能性があります。

MEMO 「金融包摂」と呼ばれる言葉の「包摂」とは「受け入れられた状態」を指す。フィンテックは、これまで金融サービスを得られなかった人を包摂し、金融を大衆化するものといわれる。

フィンテックとその活用領域

● フィンテックとは

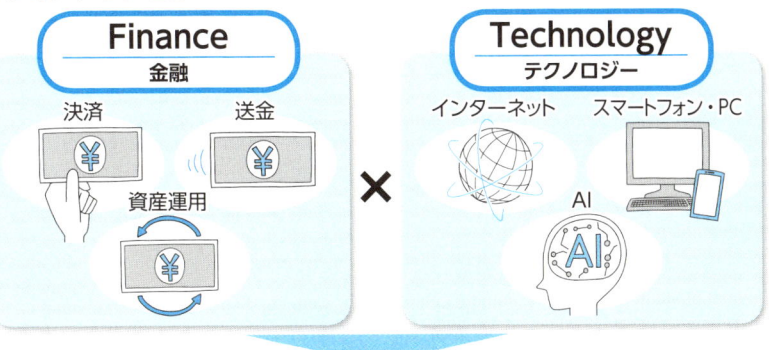

● フィンテックの活用分野の分類と主な事業・サービス

活用分野	主な事業・サービス
お金の管理 ／ 会計帳簿など	家計簿アプリ ／ クラウドでの会計サービス など
お金を支払う・受け取る	インターネットやスマートフォンでの送金 ／ 決済サービス（電子マネー）　など
お金を調達する	クラウドファンディング ／ ソーシャルレンディング（お金を融資してほしい企業や人と投資家をマッチングするサービス）など
お金を運用する	AIを活用した資産運用（アドバイス）サービス（ロボ・アドバイザー） ／ ソーシャルトレード(運用成績の良い人の運用方法を模倣するサービス) など

Check

これまでのところ、フィンテックが活用され、発展を遂げている分野は「決済」です。平たくいえばお金の移動や支払いの分野に限られています。現金や銀行振り込みなどを思い出すと容易にわかる通り、決済の分野にはあまり金利が登場しません。これまでのところは、フィンテックの発展が金利に大きな変化を及ぼしているとはいえない状態です。

クラウドファンディングで金利は多様化する

POINT
- クラウドファンディングという資金調達手段がある
- フィンテックの一種に分類されるクラウドファンディング
- 金利の大衆化・多様化をもたらす可能性を持つ

◾ クラウドファンディングは新しい資金調達手段

「クラウドファンディング」は、群衆（クラウド）と資金調達（ファンディング）を組み合わせた造語です。銀行の融資や株式を発行しての出資など、既存の金融手段での資金調達が難しい場合でも、一口の金額を小さくする、金利や配当といった見返りではなく**事業が成功した場合に製造される商品の無償提供などの特典を見返りに資金の提供を募る**などの方法で、資金調達を成功させる手段として近年一般化しています。

資金の募集や提供にインターネットやコンピューターを使う必要は必ずしもありませんが、情報の拡散、遠隔地を含む幅広い資金の収集にIT技術の利用が有利であることから、**フィンテックの一分野として広がっている**面もあります。

◾ 金利を再定義し得るクラウドファンディング

クラウドファンディングとフィンテックの結び付きは、金利にとっても大きな変化をもたらす可能性があります。**予想される金利の変化は大衆化と多様化であると考えられます。**

フィンテックは、金利に含まれる情報が市場や銀行などプロの金融機関のみによって独占されていた状態に風穴を開け、誰でもそれが得られる状態を生み出すことで、誰しもが自分で金利を決めることができる「大衆化」をもたらす可能性があります。それが最も活かされるのがクラウドファンディングであるといえます。

前述の通り、クラウドファンディングにおいて資金調達の見返りに提供されるのは、お金だけではありません。しかし、資金調達の見返りに提供されるという性質はまさに金利そのものであることから、クラウドファンディングの発達は、「元本に対して何％のお金」という金利のあり方を多種多様なものに変えていく可能性を持っていると考えられます。この点で、**クラウドファンディングとフィンテックは金利の多様化をもたらす**ものといえます。

MEMO 相撲における勝ち力士への賞金が懸賞金だが、その懸賞金の提供により土俵上で懸賞幕による広告の権利という見返りが得られる点で、一種のクラウドファンディングともいえる。

クラウドファンディングがもたらす新たな金利

● フィンテックによる金利の大衆化・多様化

これまで

金利の決定	資金調達の見返り
金融機関で**独占**	元本に対する何%の**お金**

大衆化　　　　　　多様化

フィンテック（クラウドファンディング含む）

金利の決定	資金調達の見返り
誰でも決めることが可能	**お金・サービス・寄付など**

● クラウドファンディングの類型と具体例

類 型		具体的な内容
寄付型		お金の提供に対し、特に見返りを与えず、社会的な意義を訴えながら、資金提供者の善行、承認要求の実現を暗黙の見返りとするもの
商品購入型		お金の調達によって企画、開発、製造が実現する商品やサービスを見返りとして提供するもの
金融型	融資型	お金の提供に対する見返りが、金利に近い定額、定型のもの
	出資型	お金の提供に対する見返りが、配当に近い成功報酬的なもの

ⓒⓗⓔⓒⓚ

クラウドファンディングの見返りは、たしかにさまざまな形があり得る点で、金利の多様化につながりますが、それが金利（あるいは配当）とみなされた瞬間に、金融機関によるローン、あるいは、株式による出資を規制しているさまざまな既存の法律や規則による規制を受ける可能性も出てきます。クラウドファンディング（の見返り）を野放図に認めて不正や損害が発生することは避けるべきですが、過剰な規制で多様な資金調達の機会とその拡大が阻まれることにも問題があるといえます。

先進技術で金利が持つ情報も豊かに

POINT
- 中国では個人情報がスマホ金融業者に集約
- 信用スコアが全人格を表すものとされる
- 金利が全人格を表す尺度になる可能性

中国におけるスマホ金融の信用スコア

近年、中国におけるスマートフォン決済サービスなどのスマホ金融は、日本とは比較できないほど急速な発展を遂げました。中国では路上パフォーマーも、現金を入れる缶などの入れ物を面前に置いているのではなく、バーコードが印刷された紙を掲げているといわれています。お金を渡そうとする人は、バーコードに自分のスマホをかざしてお金を払うというわけです。

ありとあらゆる支払い、お金の移転、決済がスマホを通じておこなわれるようになった結果、**中国では、その人の支払能力だけでない幅広い個人情報がスマホ金融サービスの提供事業者に集約**されるようになったといわれます。その結果は、個人別の信用スコアとして細かくかつ厳密に点数化された情報として蓄積されているともいわれます。

その結果、起きている興味深い実例のひとつを紹介します。中国では、男女の出会いの場である「合コン」において、お互いにスマホ金融業者から採点された信用スコアを開示することがあり、そのスコアが異性としての魅力度を判定する指標にもなっているといわれています。スマホ金融の発達によって、**信用スコアがほぼ全人格を表すものとしてみなされはじめている**ともいえます。

人格で金利が決まる世界へ

信用スコアで全人格が評価される状態が実現しつつあるということは、同時に、信用スコアによって上下する**金利が事実上、全人格を表す尺度になりはじめているということでもあります。信用スコアで異性としての魅力度が判断されはじめているという中国での実態に照らすと、異性からのモテ具合はその人物がお金を借りる際の金利でも表現できるようになってきているということでもあります。

スマホ金融が発展した中国の実態は、近未来において日本を含む全世界で普遍的な現象になる可能性を持っているかもしれません。

MEMO 中国でバーコード決済を中心とするスマホ金融が発展したのは、銀行口座開設やクレジットカード保有が地理的、所得的な制約から遅れていたためといわれる。

中国フィンテックのビジネスモデルと金利

中国ではスマートフォンを介する決済・金融サービスが発達している。多様な取引を通じてあらゆる個人情報が蓄積され、それが信用情報として、さまざまなサービスで活用されている

 消費者信用

 オンライン小売

 物流・モビリティ

 生活サービス（医療・旅行など）

自 動 的 な 信 用 情 報 収 集

信用情報の集積

IT技術(AI・ビッグデータ)を通じた一体運営・管理

高度な金融リスク管理

適 切 か つ 緻 密 な 金 利 ・ 与 信 設 定

 消費者信用

 住宅金融

 保険商品

 理財(投資)商品

Check

日本において二次元バーコードを利用したスマホ決済が普及しはじめたのは、中国からのインバウンド観光客の著しい増加の影響を受けたからという面があるかもしれません。全国どこにでも銀行のATM（現金自動預払機）があり、また、偽札の少なさから現金に対する人々の信用が厚い日本は、中国ほどスマホ金融が発展する素地がもともと乏しかったと考えられます。

フィンテックが金利を細分化する

POINT
- 情報技術の発達が正確で細かい情報を金利に持たせる
- フィンテック発展により金融は小口化・細分化される
- 金利設定に金融のプロが不要になる可能性もある

◾ お金により多くの情報を持たせる情報技術の発達

PART6後半で説明してきた通り、フィンテックに代表される情報通信関連技術が金融との結び付きを強めると、経済・物価の情勢やお金の借り手の支払能力などの情報をより正確かつ、きめ細かく金利に反映することが可能になっていきます。

「お金に色はない」といわれ、受け取ったお金がどのような素性のものなのか、人に渡したお金がその後どのように使われるか、これまでは知ることが難しいのが常識でした。しかし、フィンテックの発展で暗号資産やCBDCが当たり前に使われるようになると、**お金が誰から誰にわたりどのように使われてきたのか、正確にさかのぼって知ることも可能**になります。結果として、これまでお金を貸してもその後どう使われるかわからないため、借りた企業や人の支払能力全体をみて貸さざるを得なかったものが、**使い道によってお金が返ってくる可能性が違うことを忠実に反映して金利をつける**といったことも可能になるかもしれません。

◾ フィンテックの発展が金利の低下を招く可能性もある

フィンテックは銀行などの金融のプロでなくとも、お金に関する情報が簡単に得られる世界を作り出す可能性がありますので、プロや市場を仲介せず、私たち個人がお互いにお金のやりとり、貸し借りができるといったことも可能にするかもしれません。**金利についても、プロの判断で何%にする、市場での取引を通じて試行錯誤で決まっていくという、これまでのあり方が大きく変わる可能性が出てきている**と考えられます。

フィンテックの発展によって、**金融や金利はより細分化・小口化**され、銀行や金融市場参加者などのプロの手を離れて一般人にも馴染みのあるものになっていく可能性があります。これが実現すると、金融のプロに払っていた仲介料が不要になる分、**全体として金利が低くなる可能性**も出てきます。

IT用語でもあるP2P（ピアツーピア）は金融業界においては、仲介者を介さず、直接相対で取引する様子を指す。フィンテックの発展は、金融・金利の設定をよりP2P化していくものになると考えられる。

フィンテックが正確な情報を金利に持たせる

フィンテック普及前

銀行

上乗せされた金利

借入者

お金の使い道

？

> 貸したお金の使い道が
> わからないので、金利
> を多めにして貸そう…

フィンテック普及後

銀行

必要十分な金利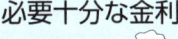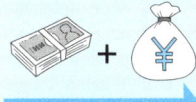

借入者

お金の使い道

例)事業への
投資など

> 貸したお金の使い道が
> わかっているので、
> 必要な分だけの金利でOK!

> フィンテックの発展で、お金の使い道を正確に知
> り、監視することができるようになれば、わから
> ないことに対するリスクへの金利の上乗せが不
> 要になります。

Check

PART1で解説した金利のリスクプレミアムには、およそわからないことや、得体
の知れないことから生じるお金に対する危険が反映されていると考えられます。フィ
ンテックの発展によって、お金を貸す相手やそれを取り巻く環境などについて、わ
からないことが減り、情報がよりクリアになるとすれば、それは金利全般が低くなる
要因になると考えられます。

金利の本質は変わらない

> **POINT**
> ● 金利はお金と時間がある限り存在する
> ● 金利の本質的な意味は不変
> ● 金利への理解が日常生活に役立つ

■ 環境が変わっても変わらない金利の本質

　前項では、フィンテックなどの新技術によって、金融のあり方や金利のあり方が変わる可能性について説明しました。変化の特徴は、金融における仲介者として銀行などのプロや金融市場（の参加者）を介さず、私たち一人ひとりが個々に、また、相互にお金のやり取りが行われるようになる可能性があること。その結果として金利の決定、設定についても私たち一人ひとりがおこなえる、おこなうようになっていく可能性でした。

　新技術の登場とともに、金融のあり方や金利設定のあり方が変わったとしても、金利がなくなることはなく、また金利の意味や本質は変わらないはずです。金利の意味、本質とは、PART 1で説明した通り、「お金の値段」であり、お金の価値の変化を起こす可能性を持っている「時間の値段」です。この点で、お金そのもの、時間そのものがなくなってしまわない限り、**金利がなくなることもなければ、その意味や本質が変わってしまうこともない**といえます。

　また、金利は**お金が一定の時間に生み出すモノなどの価値に等しくなるように決まる**という性質を反映しています。長い時間をかけてもお金があまり価値を生まない場合、金利は低くなり、短い時間で価値が大きくなるような状態のときに金利は高くなるという本質も変わらないでしょう。

■ 金利の意味を考える習慣を持つ

　フィンテックなど新しい技術の登場によって私たちが金融に直接関わる機会が増えるということは、**私たち自身が金融に関する知識（金融リテラシー）をしっかりと蓄えておく必要性が高まる**ことになります。その際、金利の知識は金融すべての領域に関わる最も重要なものです。したがって、本書で説明してきた金利の本質的な意味について考える習慣をもつことが、これからの時代では特に必要になるでしょう。

　直訳では「金融知識」とされる金融リテラシー。超高齢社会において正しい金融知識を持つ重要性が叫ばれる。金利は、金融リテラシーの基礎中の基礎であるといえる。

金利の本質と金融リテラシー

● 変わりゆく金利の意味と変わらぬ金利の意味

<table>
<tr><td>銀行など金融の
プロに任せて良い知識</td><td>一般的な個人が
身につけるべき知識</td></tr>
</table>

金利の意味
- ▶ お金の値段
- ▶ お金の値段が変化する時間の価値
- ▶ 投資のモノサシ

お金の基礎
- ▶ 収入と支出の管理
- ▶ 金利によって借入への返済額が増える効果
- ▶ 金融詐欺を見抜く知恵

> フィンテックの普及や、日本政府による投資の促進など、私たち個人が理解しておくべき知識の幅は広がっていきますね。

● 最低限身につけるべき金融リテラシー

分　野	詳　細
家計管理	適切な収支管理の習慣化
生活設計	ライフプランの明確化／資金確保の必要性理解
金融と経済の基礎知識／金融商品を選ぶスキル	金融取引時の基本知識／情報入手源／契約先の見極め／金利などの基礎知識や取引のコスト理解／金融商品の適切な利用選択方法の理解／資産形成に関する知識
外部の知見の適切な活用	金融商品を利用する際、外部の知見を適切に活用すること

> 今後は日常生活の中でも、金融に関する情報を正しく理解しておくことが求められます。このあとに、日本経済新聞を例に挙げ、金利に関する情報の読み取り方を紹介していきます。

Check

現在、日本においては政府主導のもと、資産所得倍増プランが推進され、「貯蓄から投資」へのシフトを政策的に促すさまざまな取り組みが進んでいます。預貯金などの貯蓄に対し投資が重視されるのであれば、金利の知識は必要なくなりそうにみえますが、本書で説明してきた通り、投資をおこなううえでのモノサシとして金利は極めて重要です。「貯蓄から投資」の時代だからこそ、金利がより重要になるといえます。

金利の記憶

2024年3月19日に日本銀行が異次元金融緩和に事実上終止符を打ったことで「金利のある世界」が到来したといわれます。特に、マイナス金利政策を止めた点では、そのように表現しても間違いではないと思われます。ただ、私たち日本人にとって「金利のある世界」が実に久しぶりであること、それゆえに、いろいろ思い出さなければいけないことが多いのも事実です。日銀の黒田総裁が異次元緩和をはじめてからの時間に限っても11年、それ以前におこなわれていたゼロ金利政策や量的緩和政策までさかのぼれば、25年以上にわたって、私たちは「金利のない世界」にならされてきたことになるためです。

日本人が「金利の記憶」を取り戻すのと同時に、取り戻すべき記憶には、次のようなものがあると考えられます。

第一に、「金利とはそもそも何であるのか」という点です。PART5で振り返ってきた通り、ゼロ金利以降の金融政策は、日銀（ないしは一般に中央銀行）が非常手段を用いてでも、金融政策が通常関与しないような領域の金利までなくしにいく、つぶしに行く試みであったといえます。このような中央銀行の支配がなくなった状態での、自然体の金利が持つ意味は、すっかり忘却の彼方<ruby>彼方<rt>かなた</rt></ruby>となっている可能性が高いといえます。

第二に、前述のように日銀、中央銀行が長年続けてきた金利の支配を止める決断をした状態で、そもそも「金利は誰が決めるものか」を思い出す必要もあります。

本書は、長年金利のない世界に生きてきた私たちが、金利の記憶を取り戻すヒントになることを願っています。特に、「金利は誰が決めるものか」の答えは、本書を最初から読み、理解した人にとっては比較的やさしいものであると信じます。本書全体の要約を兼ねて、ごく簡単に模範解答を示すとすれば、日銀支配を離れた金利は、経済・物価の状態を反映したお金の値段としての姿を取り戻すことになり、金利を決定するのは「経済全体としてのお金の過不足」という基本原理が復活するということになります。

日本経済新聞
「マーケットデータ」の読み方

金融に関する情報を定期的に取り入れる手段のひとつに、日本経済新聞のマーケットデータ面があります。紙面に記載されている内容を理解して、金融に関する情報を継続的にチェックしていくことが重要です。

■ 日本経済新聞 マーケットデータ面「市場体温計」

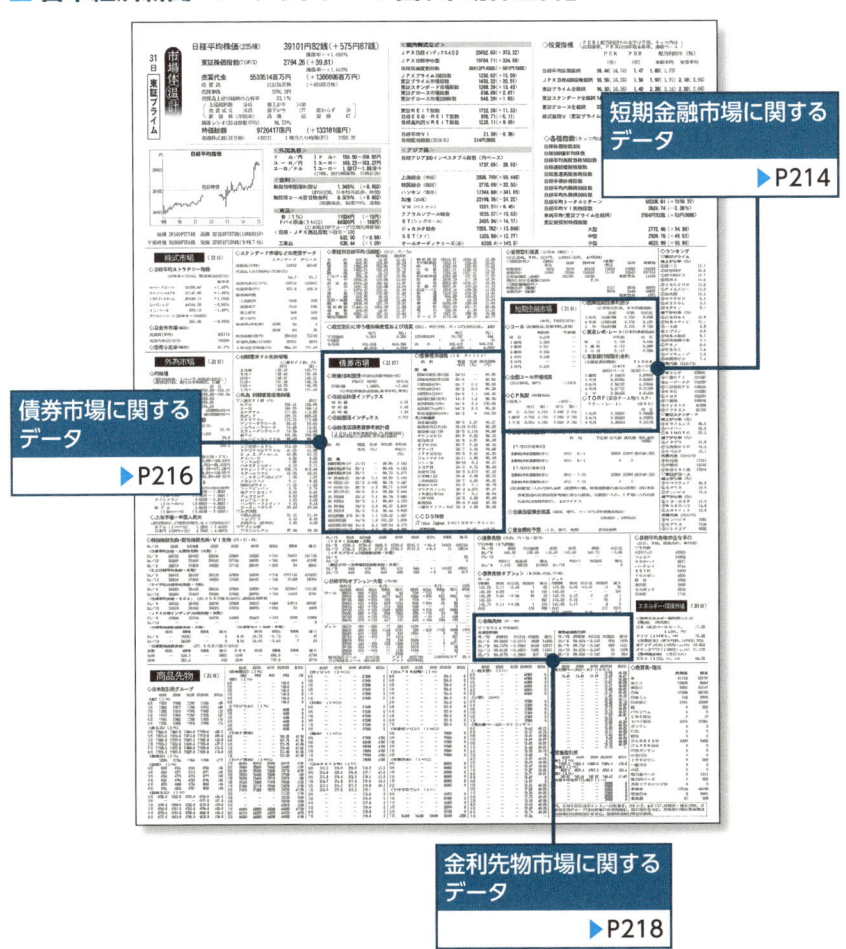

短期金融市場に関するデータ ▶P214

債券市場に関するデータ ▶P216

金利先物市場に関するデータ ▶P218

■ 短期金融市場

 ここでは「短期金融市場」の情報についてみていきます。各項目のうち、**1**〜**4**は主に銀行間市場（P62）に関する情報、**5**〜**6**は主にオープン市場（P64）に関する情報を手に入れるときに活用します。

短期金融市場 （31日）

6 ◇国庫短期証券利回り
（日本相互証券、ＢＢ国債価格）

銘柄		引値	前日比
3カ月	1246回債	0.150	0.093
6カ月	1242回債	0.150	0.105
1 年	1244回債	0.275	0.105

◇東京レポ・レート（日本証券業協会）

	平均値	前 日
翌 日	0.100	0.006
1 週 間	0.110	0.069
1 カ月	0.117	0.089

1 ◇コール（短資協会、加重平均、速報）
（金利、利回りは％）

	無担保	有担保
翌 日	0.079	—
1 週間	0.350	—
2 週間	0.321	—
3 週間	0.330	—
1 カ月	0.343	—
2 カ月	—	—
3 カ月	0.345	—

3 ◇東京銀行間取引金利
（全銀協運営機関）　　　　ＴＩＢＯＲ

	日本円 365日ベース	ユーロ円 360日ベース
1 週間	0.16818	0.20900
1 カ月	0.26000	0.32900
3 カ月	0.36727	0.16600
6 カ月	0.37727	0.17700
1 年	0.35455	0.41400

2 ◇全国コール市場残高

（30日確報、億円）　　　　111319

5 ◇ＣＰ気配（短資協会）

＜現先＞	売り	買い	┌前日┐ 売り	買い
翌 日	0.040	0.153	0.040	0.153
1 週間	0.056	0.153	0.056	0.153
1 カ月	0.060	0.180	0.060	0.180

4 ◇ＴＯＲＦ（東京ターム物リスク・フリー・レート）　（ＱＢＳ）

		前 日
1 カ月	0.22357	0.08669
3 カ月	0.20330	0.15875
6 カ月	0.28250	0.22172

1 コール市場（銀行間市場のひとつ）における取引金利。やりとりをする際に無担保で借り入れる場合と、国債などを担保として借り入れる場合の、それぞれの金利が掲載される

MEMO 2024年3月19日の日本銀行による異次元緩和終了後は、この金利が金融政策上の誘導目標になっている

2 コール市場に出回っている資金の残高を表している。残高が減ると金利は上昇しやすくなり、残高が増えると金利は下降しやすくなる傾向がある

> **MEMO** 一般に、3月末や9月末など企業の決算期が近づくと、振り込みや振替など銀行を通じた決済が活発化し、銀行のお金が逼迫しやすくなる。そのため、銀行がコール市場でお金を借りるニーズが高まり、この数値が大きくなる傾向がある

3 銀行どうしの短期的な資金のやりとりを反映した金利指標。無担保コール取引を反映した「日本円」と、国際金融市場でやりとりされるオフショア取引を反映した「ユーロ円」のそれぞれで記載される

4 東京市場における3カ月、6カ月金利の基準となっている指標。無担保コール翌日物金利の実績をもとに合成されている（P63）。前日値とともに掲載される

> **MEMO** この値は日々大きく変動する性質のものではないが、決算期末など無担保コール金利が大きく動く時期には変動が大きくなりやすい。この数値が短期の貸出金利のベースとなる

5 コマーシャルペーパー（P64）の売買における金利の指標。「現先」とは、債券を一定期間後に買い戻すことを条件とした売買である現先取引を指し、「売り」と「買い」の値が記載される

6 国庫短期証券（P64）の利回りについて、各銘柄とその最終取引でついた値段（引値）を記載している。「▲」はマイナスを表している

■ 債券市場

ここでは「債券市場」の情報についてみていきます。国債に関する情報を手に入れたいときは主に 1 〜 4 の項目を活用します。社債に関する情報を手に入れたいときは主に 5 の「その他債券」の項目を活用します。

債券市場 （31日）

1 ◇新発10年国債（店頭売買参考統計値）

	利回り（終値）	前日比
375回債	1.055%	＋0.060

（日本証券業協会発表、業者平均、単利）

2 ◇日経公社債インデックス

短 期 債	0.57
中 期 債	0.83
長 期 債	1.54

3 ◇日経国債インデックス　　0.773

4 ◇公社債店頭売買参考統計値

〔1日分、日本証券業協会、円。国庫短期証券の利回りは単利、その他は複利〕

銘　柄	償還年月	利率（%）	平均値	平均値利回り（%）
国　債				
国庫短期証券1247	24/11	―	99.96	0.150
国庫短期証券1242	25/ 1	―	99.93	0.150
国庫短期証券1244	25/ 7	―	99.73	0.275
中 国463(2)	26/ 8	0.4	99.90	0.450
中 国151(5)	27/ 3	0.005	98.79	0.467
中 国157(5)	28/ 3	0.2	98.77	0.542
中 国170(5)	29/ 6	0.6	99.69	0.664
長 国358	30/ 3	0.1	96.78	0.683
長 国362	31/ 3	0.1	95.80	0.750
長 国366	32/ 3	0.2	95.27	0.840
長 国370	33/ 3	0.5	96.44	0.929
長期国債 375	34/ 6	1.1	100.40	1.057
超長国189	44/ 6	1.9	101.01	1.838
超長国(30)83	54/ 6	2.2	100.54	2.175
超長国(40)17	64/ 3	2.2	95.26	2.385

5 ◇債券標準価格（JS Price）

銘　柄	償還年月	利率（%）	標準価格（円）
国　債			
国庫短期証券1235	24/12	―	99.95
国庫短期証券1238	25/ 6	―	99.84
中国462(2年)	26/ 7	0.4	99.93
中国169(5年)	29/ 3	0.5	99.39
長国375(10年)	34/ 6	1.1	100.40
超長国188(20年)	44/ 3	1.6	96.26
超長国83(30年)	54/ 6	2.2	100.54
超長国17(40年)	64/ 3	2.2	95.26
物価連動29(10年)	34/ 3	＊	104.50
その他債券			
清水建設25	29/ 9	0.27	96.07
政保地方公共121	29/10	0.001	96.29
東京都(公)798	29/ 9	0.116	96.88
キリンHD13	29/ 9	0.23	96.12
旭化成12	29/ 9	0.21	96.02
王子HD37	29/ 7	0.29	96.43
ヤフー13	29/ 7	0.46	94.68
JFEHD32	29/ 9	0.32	96.23
ジェイテクト9	29/11	0.28	95.92
ソニー36	29/10	0.3	96.47
トヨタ24	29/ 5	0.15	96.43
大塚HD3	29/ 3	0.375	97.42
日本精工52	29/ 8	0.28	95.70
三井物産73	29/ 7	0.29	96.93
東京ガス56	29/ 9	0.1	95.78
ブリヂストン14	29/ 4	0.375	97.27
JR東日本140	29/ 7	0.1	95.94
三井不69	29/ 9	0.22	95.99
関電530	29/ 6	0.405	97.09
三菱UFJリース67	29/ 4	0.39	96.96

◇CDS指数

iTraxx Japan 5年（IHSマークイット）

実勢価格		
	51.67	－0.04

1 直近に発行された償還期限10年の国債の利回りが記載されている

2 公社債（債券全般のこと）市場全体の動きを表す指標。短期（3年未満）・中期（3年以上7年未満）・長期（7年以上）で分類される

> **MEMO** 「インデックス」とは市場に出回っている複数の債券（国債）全体での値段の動きを表す指数。自身の購入した債券が市場全体と同じ動きをしているかどうかの参考にするために使うことが多い。ここで示されているのは、インデックス（債券の値段を合成した指数）を利回りに換算した数値

3 長期国債（10年債）の市場での平均利回り指数

4 各国債銘柄の店頭取引における参考価格と利回りが記載されている。「中国」は中期国債、「長国」は長期国債、「超長国」は超長期国債を表す

5 各銘柄それぞれの償還年月と利率、価格情報を記載

取引所で取引されている「株式」と異なり、債券は「相対取引」です。ゆえに、算出する業者によって表す値段が異なることがあるため、**4**や**5**は「参考」や「標準」といった平均的な数値で表されているんですね！

■ 金利先物市場

ここではTONA3カ月金利における各取引所の取引状況が示された「金利先物市場」の情報についてみていきます。

◇金融先物 （ポイント・枚）
▽TONA3カ月金利

大阪取引所

年／月	清算値	前日比	売買高	建玉
24／6	99.8450	−0.0475	2839	14496
24／9	99.7475	−0.0350	2449	12717
24／12	99.6125	−0.0650	1395	12441
25／3	99.5175	−0.0800	837	5748
合計			7954	48520

東京金融取引所

年／月	清算値	前日比	売買高	建玉
24／6	99.848	−0.047	800	1005
24／9	99.739	−0.047	820	1431
24／12	99.618	−0.047	30	1138
25／3	99.538	−0.047	10	854
合計			1660	4691

1 「清算値」は先物取引の終値を表している。また前日の終値との差異を「前日比」で表している。単位は「ポイント」で表され、1ポイントは25万円に相当する（先物の満期は3カ月であるため）

2 「売買高」は成立した取引数を表し、人気度を測る材料となる。単位は「枚（1枚＝1億円）」

3 「建玉」は未決済になっている契約数を表し、売り手と買い手の組み合わせが何組いるかを示す。単位は「枚（1枚＝1億円）」

ここで紹介した言葉や数値は金融情報を扱う際に、よく用いられます。ここまで紹介した知識を活用しながら金利に関する情報に継続的に触れて、私たちを取り巻く経済への理解を深めていきましょう。

さくいん

■ 著者紹介
美和 卓（みわ・たかし）

野村證券　金融経済研究所　エグゼクティブ・エコノミスト
1968年生まれ。1990年東京大学教養学部卒、野村総合研究所入社。東京大学大学院法学政治学研究科修士課程修了。2024年4月より現職。著書に『20歳からの金融入門』『金利「超」入門』（日本経済新聞出版）等がある。国内・海外のプロの投資家に対して、定期的に日本と世界の経済に関する分析、見通しを提供する一方、経済・金融のしくみをわかりやすく解説する語り口にも定評がある。

- 編集：有限会社ヴュー企画（山角優子・松本理）
- イラスト：村山宇希
- 本文デザイン：有限会社プッシュ
- 企画・編集：成美堂出版編集部

本書に関する正誤等の最新情報は、下記のURLをご覧ください。
https://www.seibidoshuppan.co.jp/support/

上記アドレスに掲載されていない箇所で、正誤についてお気づきの場合は、書名・発行日・質問事項・氏名・郵便番号・住所・FAX番号を明記の上、**成美堂出版**まで**郵送またはFAX**でお問い合わせください。お電話でのお問い合わせは、お受けできません。
※本書の正誤に関するご質問以外にはお答えできません。
※ご質問の到着確認後10日前後に、回答を普通郵便またはFAXで発送いたします。

図解 いちばんやさしく丁寧に書いた 金利の本
2024年10月1日発行

著　者　美和 卓

発行者　深見公子

発行所　**成美堂出版**
　　　　〒162-8445　東京都新宿区新小川町1-7
　　　　電話(03)5206-8151　FAX(03)5206-8159

印　刷　株式会社フクイン

©SEIBIDO SHUPPAN 2024 PRINTED IN JAPAN
ISBN978-4-415-33479-0
落丁・乱丁などの不良本はお取り替えします
定価はカバーに表示してあります